목민심서
한번
읽어 보지
않겠는가

목민심서 한번 읽어 보지 않겠는가

초판 1쇄 펴낸날 2024년 8월 9일

지은이 임승수
펴낸이 홍지연

편집 홍소연 이태화 김선아 김영은 차소영 서경민
디자인 이정화 박태연 박해연 정든해
마케팅 강점원 최은 신종연 김가영 김동휘
경영지원 정상희 여주현

펴낸곳 ㈜우리학교
출판등록 제313-2009-26호(2009년 1월 5일)
제조국 대한민국
주소 04029 서울시 마포구 동교로12안길 8
전화 02-6012-6094
팩스 02-6012-6092
홈페이지 www.woorischool.co.kr
이메일 woorischool@naver.com

만든 사람들
편집 차소영
디자인 박태연

임승수 지음

목민심서 한번 읽어 보지 않겠는가

정약용이 쓰고
임승수가 해설한
조선 경제 이야기

우리학교

우리는 역사 시간에 과거 조상들이 살았던 고구려, 백제, 신라, 고려, 조선을 공부합니다. 마찬가지로 미래의 후손들은 지금 우리가 살고 있는 대한민국을 지난 역사로서 공부하겠지요.

소싯적에는 전쟁에서 승리한 장군이나 위대한 업적을 남긴 왕 같은 위인들이 역사를 만들어 나간다고 생각했습니다. 하지만 나이가 들면서 지식과 경험이 쌓이니 역사를 보는 관점에도 변화가 일어났습니다. 소위 '위인'이라 불리는 이들의 등 뒤에 서 있는 수많은 평범한 사람들이 보이기 시작한 것이죠. 그 사람들이 하루하루를 열심히 살아 내지 않았다면 역사가 성립할 수 없었다는 사실을 깨달은 것입니다. 장군이나 왕이 없으면 다시 뽑으면 된다지만, 백성이 없는 나라가 과연 존재할 수 있을까요? 어불성설입니다.

역사책에 한두 줄 건조하게 언급되는 사실들 뒤에는 밤하늘의 별만큼이나 많은 이들의 애환이 담겨 있습니다. 만약 미래에 대한민국 역사를 다루면서 대통령과 국회의원의 행적만을 좇는다면, 그것이 과연 제대로 된 역사라고 할 수 있을까요? 아니면 이 시기 청소년들은 과도한 입시 경쟁에 내몰려 힘든 삶을 살았다고만 설명한다면, 그것이 과연 여러분의 삶을 구체적으로 담아낸 것일까요? 물론 일부분은 사실이겠습니다만, 그렇게 짧게 요약된 책을 읽은 미래 세대가 모양도 깊이도 제각기 다른 여러분의 고민을 이해하기는 어려울 겁니다.

예나 지금이나 평범한 사람의 삶에서 가장 중요한 건 '먹고 사는' 일입니다. 우리는 이 먹고사는 일을 일컫는 고상한 단어를 알고 있습니다. 바로 '경제'죠. 경제, 하면 흔히 주식이나 환율, GDP 같은 거창한 것을 떠올리게 마련입니다만 사전적 의미는 이렇습니다: 인간의 생활에 필요한 재화나 용역을 생산, 분배, 소비하는 모든 활동. 또는 그것을 통하여 이루어지는 사회적 관계. 다시 말해서 우리가 먹고살기 위해 하는 모든 활동과 맺는 모든 관계가 '경제'라는 말로 묶일 수 있는 것이지요.

평범한 사람들의 삶을 이해한다는 건 그들이 살았던 시대의 경제를 이해한다는 의미이기도 합니다. 전쟁이나 정치적 사건의 속내를 들여다보면 경제 문제에서 비롯된 경우가 많듯이, 역사를 정확히 이해하기 위해서는 과거 우리 조상들의 경제를 이해하는 것이 중요합니다. 제가 조선 시대 대학자 정약용의 『목민심서牧民心書』를 소재로 이 책을 쓰게 된 것도 여러분에게 조선 경제, 즉 우리 조상들이 구체적으로 어떻게 먹고살았는지를 전하고 싶어서입니다.

『목민심서』는 수령이 고을을 통치할 때 알아야 할 제반 사항을 다룬 일종의 통치 매뉴얼입니다. 수령은 고려-조선 시대에 주州·부府·군郡·현縣 등의 고을을 맡아 다스리던 지방관을 가리킵니다. 지금으로 치면 시장이나 구청장쯤이 되겠지요. 덧붙여, 오늘날 한국에서는 주민들이 시장, 구청장 등을 직접 뽑지만 조선 시대에는 국왕이 조정 대신들과 논의해 수령을 임명했습니다. 이렇게 임명된 수령이 자신이 다스릴 고을로 파견되는 방식이었지요.

『목민심서』 목차를 보면 12편(부임, 율기, 봉공, 애민, 이전, 호전, 예전, 병전, 형전, 공전, 진황, 해관)에, 각 편은 다시 6조로 나뉘어서 총 72조에 달하는 방대한 구성입니다. 이렇게 묶인 『목민심서』

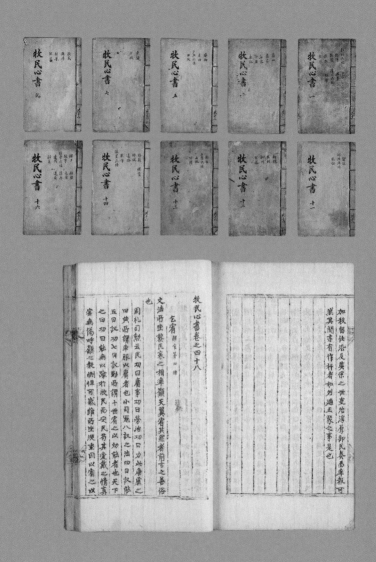

정약용의 대표작인 『목민심서』로, '목민'은 백성을 다스린다는 뜻입니다.

에서 정약용이 특히 마음을 써 가며 많은 분량을 할애한 조목들이 있는데, 바로 경제를 다룬 편이자 이 책에서 다룰 부분인 '호전戶典'입니다. 호전은 다음과 같이 구성되어 있습니다.

1조 전정

2조 세법

3조 곡부

4조 호적

5조 평부

6조 권농

단어가 어렵지요? 하지만 걱정할 필요는 없습니다. 책을 읽어 나가면 자연스럽게 알게 될 테니까요. 호전 6조는 간단히 말하자면 수령이 백성들에게서 세금 걷는 일을 다루고 있습니다. 예나 지금이나 국가 공동체를 운영하려면 재원, 즉 돈이 필요합니다. 정부는 세금을 걷어 이를 충당하는데, 조선 시대 수령의 주된 임무가 바로 이것이었습니다. 세금을 걷어 중앙정부에 보내는 일 말이지요. 그런데 왜 하필이면 『목민심서』, 그것도 세금 걷

는 일에 관한 '호전'을 다루었느냐고요?

  여기에 답하기 위해서는 먼저 '정약용'이 어떤 사람인지부터
소개해야 합니다. 정약용(1762~1836)은 조선 후기의 대표적인 실
학자이자 개혁사상가입니다. 잘 알려져 있듯 호는 다산茶山입니
다. 1783년 소과小科에 합격한 정약용은 성균관에 입학해 유학을

깊이 연구했습니다. 다양한 학자들과 교류하면서 서양 학문과 천주교를 접한 것도 이 무렵이지요. 1789년에는 대과大科에 2등으로 합격해 마침내 벼슬길에 오르게 됩니다.

정조에게 뛰어난 인재로 인정받으며 젊은 나이에 요직을 두루 거친 정약용은 1800년, 정조가 갑작스럽게 사망하고 순조가 즉위하자 정치적 소용돌이에 휘말립니다. 여기에 천주교 박해까지 덮쳐 1801년부터 1818년까지 18년에 이르는 긴 유배 생활을 하게 됩니다. 하지만 정약용은 유배지에서 좌절하지 않고 학문에 정진하며 수많은 저서를 집필했습니다. 정약용의 대표작 중 하나인 『경세유표經世遺表』도 이 시기에 나왔지요. 『목민심서』를 완성한 것은 57세 되던 1818년, 유배지에서 고향으로 돌아온 이후입니다.

정약용은 유학뿐만 아니라 농업, 의학, 과학, 법률 등 실용적인 학문('실학'이라고 하지요)에 큰 관심을 가졌고, 이를 통해 민생을 개선하고자 노력했습니다. 또한 개혁을 위해 정치, 경제, 사회 등 여러 분야에 걸쳐 다양한 정책을 제시했습니다. 『경세유표』가 바로 그러한 제도적 개혁을 제안하고 논한 책이었지요.

그렇다면 질문은 이제 '왜 『목민심서』인가'로 옮겨 갑니다. 앞서 말했듯이 『목민심서』는 수령이 고을을 통치할 때 알아야 할 제반 사항을 다룬 통치 매뉴얼입니다. 지방 행정의 구체적인 사례며 개선 방안을 담고 있어 당대 시대상을 이해하는 데 매우 중요한 자료로 평가받는 책이지요.

정약용의 『목민심서』가 워낙 유명해서 우리는 『목민심서』가 정약용만의 특별한 저술이라 여기곤 하지만, '목민서'라 불리는 지방 행정 지침서는 여럿 존재했습니다. 조선 초기에는 주로 명나라의 목민서가 읽혔으나, 왜란 및 호란 이후에는 조선의 현실에 맞춘 다양한 목민서가 등장하지요. 특히 왕조의 권력이 약해지고 신분제가 요동치기 시작한 18세기부터 지배층의 부패와 무능력이 절정에 달했던 19세기 사이에는 무려 20종이 넘는 목민서가 쏟아집니다. 백성들의 삶이 차마 눈 뜨고 보기 힘들 정도로 피폐해 '민란의 시대'라고까지 불리던 이 시기를 어떻게든 잘 넘겨 보려는 노력의 일환이었을 겁니다.

그중에서도 정약용의 『목민심서』는 당시 큰 반향을 불러일으켰습니다. 확인된 필사본만 60여 종에 이를 정도니, 수많은 사람들이 이 책을 마치 필독서처럼 구하고 베껴 돌려 읽었던 것이죠.

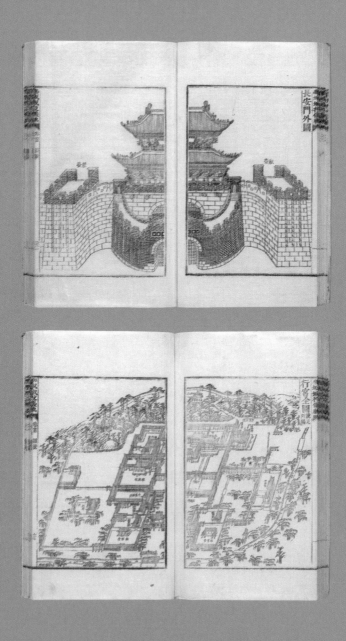

長安門外圖

行宮全圖

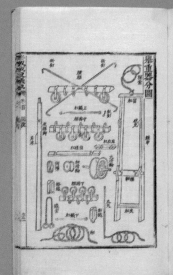
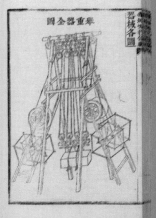

정조가 구상한 신도시 '화성'의 건설 과정을 기록한 종합 보고서인
『화성성역의궤』입니다. 이 중에서도 거중기(오른쪽)는 정약용이
서양의 역학 기술서인 『기기도설奇器圖說』을 참고하여 제작한
것으로, 당시 40근의 힘으로 (무려 625배에 달하는) 2만 5,000근의
돌을 들어 올려 사람들을 놀라게 했다고 합니다.

한낱 수령의 업무 지침서가 왜 그토록 인기를 끌었던 걸까요? 그 이유는 『목민심서』의 몇 구절을 읽어 보면 어렵지 않게 짐작할 수 있습니다. 함께 읽어 보지요.

"벼슬살이에서 가장 중요한 것은 두려워할 '외畏' 한 글자다. 의로움을 두려워하고 법을 두려워하고 상관을 두려워하고 백성을 두려워하라. 마음에 언제나 두려움을 간직하면 혹시라도 방자하게 되지는 않을 것이다." _율기 6조 중에서

"상관의 명령이 공법에 어긋나고 민생에 해를 끼치는 것이면 굽히지 말고 꿋꿋이 자신의 뜻을 지켜야 한다. 나라를 망하게 하는 것은 외침이 아니라 공직자의 부정부패로 민심이 돌아서는 것이다." _봉공 6조 중에서

"홀아비, 과부, 고아, 늙어 자식 없는 사람을 사궁四窮이라 하는데 이들은 스스로 움직일 수 없고 남의 도움을 받아야 일어날 수 있다. 병이 심해 폐인이 된 자까지 포함해 홀로 살아갈 수 없고 의지할 친척이 없는 사람들은 그 지역 관청에서

마땅히 거두어 주어야 한다."

"장터에서 술주정하며 장사하는 물건을 빼앗거나 길거리에서 술주정하며 나이 많은 어른을 욕하는 행위는 엄금한다. 이들은 붉은 낯짝에 흰 눈자위를 번뜩이며 남의 항아리를 차고 물동이를 깨도 사람들이 아무 말을 못 한다. 수령은 응당 이들을 조사하고 잡아다가 큰 몽둥이로 살점이 떨어지도록 매우 치고 큰 칼을 목에 씌워 죽을 때까지 다시는 그런 짓을 못 하게 혼내야 한다."

_'형전 6조' 중에서

『목민심서』가 유명한 고전인 건 알겠는데 호전, 그러니까 조선 시대에 세금 걷던 일을 알아야 할 이유가 무어냐고 반문할지도 모르겠습니다. 하지만 호전 6조는 비단 세금만을 다루고 있는 것이 아닙니다. 세금 행정에는 경제 구조, 정치권력, 계급 관계 등이 반영되어 있으니까요. 가령 오늘날 한국에는 일정 금액 이상의 부동산을 소유한 사람들에게 부과되는 종합부동산세가 있습니다. 이 세금을 두고 벌어지는 논란을 통해 부동산 투기에서부터 빈부 격차, 주거 불안, 계급 갈등 같은 여러 사회 문제를 읽어 낼 수 있듯이, 우리는 조선 시대의 세금 행정을 통해 당시의 구체적인 사회상을 들여다볼 수 있습니다.

처음 『목민심서』를 읽었을 때 청소년 시절에 이런 생생한 텍스트를 접했다면 멀게만 느껴졌던 조선 역사를 훨씬 흥미진진하게 공부할 수 있었을 텐데, 하는 아쉬움이 들 정도였죠. 특히 호전 6조를 쉽게 풀어낸다면 여러분에게 조선의 역사와 경제에 대한 흥미를 심어 주고 또 이해도를 높일 수 있겠다는 생각이 들었습니다. 제목만 들어 본 고전을 제대로 이해하며 읽었다는 성취감도 느낄 수 있을 테고요. 하지만 여러분이 원문을 그대로 읽기에는 아무래도 어려움이 있습니다. 한자로 쓰이기도 했지만, 내용이 난해한 데다 다방면의 배경지식을 요하기 때문이지요.

정약용이 살았던 조선 후기는 여러모로 위태로운 사회였습니다. 신분제 질서가 흔들리는 가운데 빈부 격차는 극심했지요. 권력자들은 불법/탈법적으로 납세 의무를 회피하고, 가난한 백성들이 세금 부담을 모조리 떠맡는 부조리가 판을 쳤습니다. 백성의 고혈을 짜낸다는 말이 괜히 있었던 게 아니지요? 정약용은 기나긴 유배 생활 동안 이러한 현실을 지켜봤을 겁니다. 『목민심서』가 유교적 민본 사상과 애민 정신, 부패한 관리들에 대한 가차 없는 비판과 청렴에 대한 강조로 가득 차 있는 건 결코 겉치레가 아니었던 것이죠.

실제로 『목민심서』를 디지털 콘텐츠로 바꿔 책에 사용된 단어의 빈도수를 조사해 보니 가장 많이 언급된 인물은 '백성'이라고 합니다. 백성 다음으로는 수령, 아전, 왕, 어사, 선비, 노비, 기생, 양민, 토호 순이었다고 하고요. 한편 가장 많이 언급된 사건은 다름 아닌 '가난'이었다고 합니다. 가난에 이어 흉년, 농간, 도적, 기근, 환곡, 가뭄, 균역, 살인, 홍수, 전염병 같은 단어가 뒤따랐고요.

둘을 합치면 『목민심서』에 가장 자주 등장하는 것은 가난한 백성인 셈입니다. 당시 사람들에게 '먹고산다는 것'이 얼마나 힘든 일이었는지 미루어 짐작해 볼 수 있는 대목이기도 하고, 많은 이들이 『목민심서』의 가장 중요한 메시지로 '애민'을 꼽으며 '백성을 사랑하는 방법을 담은 책'이라 말할 만한 대목이기도 합니다. 정약용은 당대에 진보적인 시각을 지닌 지식인으로서 나라를 개혁하고자 했고, 다른 무엇보다도 도탄에 빠진 백성을 구하고자 했습니다.

물론 21세기의 관점에서 보면 『목민심서』에 한계점이 있는 건 사실입니다. 차별적인 노비제를 용인하는 태도가 그렇고, 백성을 잘 이끌고 다스려야 할 통치 대상으로만 바라보는 엘리트주의적 시각이 그렇습니다. 하지만 우리는 당시가 신분제가 버젓이 존재했던 시대, 임금이 하늘이었던 시대였음을 기억해야 합니다. 그런 시대적 제약 속에서도 백성들의 살림살이가 나아질 실질적인 방안을 제시하는 현실 감각에는 경탄하지 않을 수가 없지요. 허망한 이상론에 경도되는 대신 현실에 굳건히 발을 디딘 실학자의 면모, 그것이 『목민심서』의 핵심입니다.

여기까지 쓰고 보니 제가 『목민심서』, 그중에서도 호전 6조에 꽂혀 책까지 쓰게 된 건 어쩌면 필연이었다는 생각이 듭니다. 그동안 여러 권의 책을 쓰면서 주요하게 다룬 것이 바로 자본주의 사회에서의 극심한 빈부 격차 문제를 극복하고 좀 더 평등한 사회로 나아갈 방법이었기 때문이지요.

서론을 끝내고 본론으로 들어가기 전에 마지막으로 제가 『목민심서』를 읽고 이 책을 쓰는 동안 여러 번 떠올린 구절을 옮겨보겠습니다.

"비록 이웃 마을에서 모두 순종하더라도 나 혼자만이라도 휩쓸리지 말아야 한다. 나의 본심이 백성을 사랑하는 마음에서 나온 것이니 관찰사도 문책할 말이 없을 것이다. 설사 이 일로 인해 벼슬이 떨어지고 그 자리를 보존하지 못하는 한이 있더라도, 내가 떠난 후에 백성들이 나를 생각하는 마음은 여러 대에 걸쳐 이어질 것이다."

단지 과거에 급제하는 것, 벼슬길에서 출세하는 것이 삶의 목표였다면 정약용이 이렇게 말하지는 않았을 겁니다. 권력자들에게 적당히 타협하며 일신의 영달만을 추구했다면 정약용이라는 이름 석 자가 지금까지 길이 전해지지도 않았을 겁니다. 우리가 조선 시대 그 하고많은 판서 정승들이 아닌 정약용의 이름을 기억하는 건, 그가 타인의 고통과 슬픔에 공감하고 잘못된 현실을 바꾸려 했던 인물이기 때문일 겁니다.

그러면 지금부터 『목민심서 한번 읽어 보지 않겠는가』를 시작하겠습니다.

차례

1조 전정

세금을 내는 땅,
세금을 내지 않는 땅

Yo, Listen-

　정약용이 자신의 다른 저서에서 주창한 여전론閭田論을 보면 토지의 공동 소유, 공동 경작, 노동량에 따른 수확물의 분배 등 사회주의적 성격이 강한 토지 제도를 도입해 빈부 격차를 줄이고 농민들에게 공정한 대가를 주자고 제안합니다. 정약용이 보기에 당시 토지 제도는 여러모로 문제가 많았기 때문이지요.

　『목민심서』 1조 전정에서도 정약용은 조선 후기의 토지 제도를 조목조목 비판합니다. 하지만 문제를 근본적으로 뜯어고치려면 법과 제도를 바꿔야 하는데, 그건 일개 수령이 할 수 없는 일이라고 한탄하지요. 기존의 권력 구조가 무너지지 않고서는 이러한 개혁안을 추진할 수 없기 때문입니다. 법과 제도를 만드는 조정의 대신들이 바로 대토지를 보유하고 농민을 수탈하는 양반들이었으니까요. 그들이 제 목에 방울을 다는 일을 허락할 리가 없었지요.

그것은 오늘날에도 마찬가지입니다. 가령 시장이나 구청장이 부자들에게서 좀 더 많은 세금을 거둬 가난한 사람들을 위한 복지 정책을 펼치고 싶은데요. 그러려면 세금 관련 법을 바꿔야겠지요. 하지만 그건 시장이나 구청장의 권한 밖입니다. 국회의원들이 국회에서 논의하고 결정해야 하는 사안이죠. 하지만 기득권층 일색인 국회의원들은 개혁을 원하지 않습니다.

그렇다고 해서 수령이 착취와 수탈에 고통받는 농민들의 처지를 모른 척할 수는 없습니다. 현행법의 범위 안에서, 또 자신의 권한 안에서 할 수 있는 일은 하고 바로잡을 수 있는 일은 바로잡아야 합니다. 수령의 중요한 임무 중 하나는 세금 징수였습니다. 앞서 말했듯 정약용이 살았던 조선 후기에는 권력자들이나 부자들이 세금을 성실히 납부하기는커녕 이리저리 탈세를 하고 백성들에게 그 부담을 떠안기는 부조리가 판을 쳤습니다. 1조 전정에서 정약용은 납세 의무를 회피하는 부자들에게서 세금을 제대로 거두고 가난한 백성에게 과도하게 부과되던 세금을 덜어 주는 동시에 국가 재정을 튼튼히 할 수 있는 묘안을 제시합니다.

조선 시대에 가장 중요한 경제 활동은 농업이었습니다. 많은 백성이 농사를 지어 먹고살았고, 당연히 세금의 상당 부분도 농업에서 나왔지요. '전정田政'에서 '전田'은 밭을, '정政'은 다스림을 의미합니다. 1조는 밭을 다스리는 것, 다시 말해서 농지에서 세금을 거둘 때 수령이 알아야 할 사항에 대해 다루고 있습니다. 너무나 중요한 업무지요. 세금을 거두지 못하면 나라가 제대로 운영될 수 없을 테니까요.

수령이 세금을 거둘 때 중요한 사항은 무엇일까요? 일단 중앙정부에서 할당한 세금 액수를 채워야 합니다. 매해 중앙정부에서 필요한 예산이 있을 겁니다. 예를 들어 올해에는 1억 원이 필요합니다. 이를 각 고을의 형편을 헤아려 적절하게 배분하겠죠. 그럼 다음 질문. 세금을 걷을 때는 어떻게 걷어야 할까요? 공정하게 걷어야 합니다. 정당한 이유 없이 누구는 세금이 과하고 누구는 세금이 적으면 여기저기서 불만이 쏟아질 겁니다. 그렇다면 세금을 어떻게 걷어야 공정할까요?

조선 시대에 농지에 부과했던 세금을 이해하려면 먼저 '결부법結負法'을 알아야 합니다. 결부법에서 '결結'과 '부負'는 토지의 측량 단위를 가리킵니다. 오늘날로 치면 제곱미터 같은 단어인 셈이지요. 이렇게 말하면 땅 면적에 비례해 세금을 매기는 방식이 떠오를 겁니다. 이를테면 300평짜리 농지에 세금이 쌀 3되라면 3,000평짜리 농지에는 쌀 30되를 세금으로 매기면 공평할 것 같지요. 하지만 그렇게 간단하지가 않습니다. 같은 면적에, 같은 품을 들여 농사를 짓더라도 비옥한 땅인지 척박한 땅인지에 따라 수확량에서 차이가 나기 때문입니다. 땅이 거칠면 열심히 농사를 지어도 기름진 땅보다 수확이 적을 수밖에 없지요. 이런 상황에서 면적만을 기준으로 세금을 부과하면 어떤 일이 벌어질까요?

병풍에 그려진 경직도입니다. 경직도란 농사짓는 일과 비단 짜는 일을 담은 그림을 말합니다. 밭 모양이 정말 제각각이지요.

예를 들어 보지요. 개똥이와 말뚝이는 같은 면적의 농지에서 농사를 짓습니다. 하지만 말뚝이네 땅이 훨씬 비옥해서 같은 시간을 일했는데도 더 많은 곡식을 거둡니다. 가을 추수 때 개똥이는 쌀 20석을 수확한 반면 말뚝이는 무려 80석을 수확하지요. 이때 두 사람 모두 농지 면적이 같으니 동일하게 4석을 세금으로 내라는 지시가 떨어집니다. 계산해 보면 20석을 거둔 개똥이는 수확량의 20%를 내야 하는 반면, 80석을 거둔 말뚝이는 5%만 내면 됩니다. 과연 이것을 공평하다고 할 수 있을까요?

결부법은 이런 불공평함을 해결하기 위해 도입된 제도입니다. 실제 면적이 아닌 '생산량'을 기준으로 면적을 헤아리기 때문입니다. 무슨 말인지 잘 이해가 안 가지요? 다시 한번 예를 들어서 설명하겠습니다. 쌀 20석을 생산할 수 있는 토지 면적을 1결이라고 가정해 보지요. 이 기준에 따르면 앞서 말한 개똥이네 땅이 1결이 됩니다. 쌀 20석을 수확했으니까요. 그렇다면 말뚝이네 땅은 몇 결이 되는 걸까요? 개똥이네 땅과 면적이 같았지만 수확량은 네 배인 80석에 달했지요. 정답은 네, 4결입니다.

참고로 1결은 100부에 해당합니다. 1미터가 100센티미터인 것과 같은 셈법이지요. 다시 말해서 개똥이네 땅은 100부, 말뚝이네 땅은 400부가 됩니다. 결부법에서 '결'과 '부'가 무엇인지 이제 아시겠지요?

자, 다시 세금 문제로 돌아가 봅시다. 나라에서 1결당 세금을 쌀 2석씩 걷는다고 합니다. 농지가 1결이었던 개똥이네는 2석을 내면 되겠지요. 수확한 20석에서 2석을 세금으로 낸 것이니, 소득의 10%가 세금인 셈입니다. 그렇다면 말뚝이네는 어떨까요? 개똥이네랑 면적은 같지만 수확량이 더 많았던 말뚝이네는, 농지 4결에 대한 세금으로 8석을 내야 합니다. 수확량이 80석, 세금이 8석이니 말뚝이네도 똑같이 소득의 10%를 세금으로 내는 셈입니다. 어떤가요? 기계적으로 농지 면적만을 따져 세금을 부과하는 것보다 훨씬 합리적이고 공평하지 않은가요?

저는 1결을 쌀 20석을 생산할 수 있는 면적으로 가정했지만, 이것도 시기에 따라 차이가 있습니다. 조선 초기에는 300두였던 토지 1결의 쌀 생산량이 나중에는 400두로 바뀌고, 조선 후기 사람인 정약용은 1결이 대략 벼 800두를 생산할 수 있는 면적이라고 말하기도 합니다. 조선 후기에 이르러 농업 생산력이 커졌기 때문이지요. 덧붙이자면 오늘

'두'는 쌀 한 말, 두 말 셀 때의 '말'을 가리킵니다. 1석은 15두입니다.

날에 한 말의 부피는 20리터지만, 조선 시대에 한 말(두)은 약 6리터였다고 합니다. 쌀 6리터면 약 5킬로그램이니, 800두면 대략 4,000킬로그램이네요.

어쨌든 이렇게 농지마다 수확량을 조사해 매년 적절한 세금을 납부하게 한다면 공정할 겁니다. 하지만 그렇게 하는 건 현실적으로 불가능했습니다. 일상의 많은 부분이 전산화되어서 월급을 받을 때나 상품을 구입할 때 자동으로 세금이 빠져나가는 오늘날과 달리(그럼에도 온갖 탈세가 존재합니다만), 모든 일에 인력이 필요했던 조선 시대에는 수확량은커녕 농지를 조사할 행정력마저 턱없이 부족했습니다. 20년에 한 번씩 전국적인 토지 조사(이를 '양전量田'이라고 합니다)를 하는 것이 원칙이었습니다만, 이마저도 제대로 시행되지 못했습니다. 한번 토지 조사를 하고 나면 수십 년이 지난 뒤에야 다시 조사했다고 하지요. 이렇게 조사하면서 농지마다 비옥도를 매겼는데요, 1등전부터 6등전까지 여섯 등급이 있었습니다. 짐작할 수 있다시피 1등전이 가장 비옥한 토지이고 6등전이 가장 척박한 토지입니다.

한국사를 열심히 공부했다면 이 제도를 이미 알고 있겠지요? 바로 전분6등법田分六等法입니다. 세종 때부터 실시된 제도로, 농

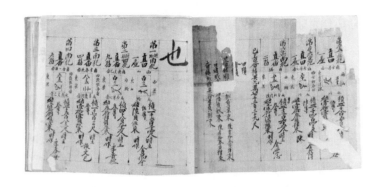

'양안量案'은 양전을 시행한 뒤에 이를 문서화한 것입니다. 논밭의 소재, 위치, 등급, 형상, 면적 등이 적혀 있어 농민들의 경작 면적이나 소득 관계 등을 추정할 수 있습니다. 농민층의 토지대장이라고 할 수 있지요.

지를 여섯 등급으로 나눈다는 뜻이지요. 물론 세상만사가 그렇듯이 모든 농지가 이렇게 여섯 등급으로 칼같이 나뉠 리가 없습니다. 세금을 거두기 위해 편의상 나눈 것입니다. 그렇다면 이 1등전부터 6등전까지 어떻게 다를까요?

1등전인 농지 1결의 넓이는 약 1만 제곱미터입니다. 가로 100미터에 세로 100미터인 농지를 떠올리면 이해하기 편하겠지요. 반면 6등전인 농지 1결은 약 4만 제곱미터입니다. 1등전에 비해 네 배나 넓지요. 바꿔 말해서 6등급 농지는 1등급 농지에 비해 단위 면적당 생산량이 4분의 1밖에 안 된다고 치는 거죠. 같은 양의 곡물을 생산하기 위해 네 배나 넓은 농지가 필요한 것이니까요. 이런 식으로, 1등급부터 6등급까지 1결에 해당하는 면적이 순차적으로 늘어납니다.

어쨌든 이 전분6등법은 세금을 공평하게 부과하기 위해 나름 신경 써서 도입한 제도인데요. 정약용은 전분6등법이 너무 복잡한 나머지 이를 이용한 부정부패가 만연하다고 강하게 비판했습니다. 도대체 무엇이 문제였을까요?

비옥도에 따라 등급을 어떻게 매기든 간에, 먼저 해야 할 일이 있습니다. 바로 농지의 실제 면적을 구하는 일이지요. 실제 면적을 알아야 몇 결인지 계산할 수 있고, 몇 결인지 알아야 최종적인 세금 액수를 정할 수 있으니까요. 예를 들어 제가 경작하는 농지가 6등급에 2만 제곱미터 넓이라고 합시다. 앞서 6등급 농지 1결은 4만 제곱미터라고 말했습니다. 그렇다면 제 농지는 몇 결일까요? 맞습니다. 0.5결이지요.

당시 농지 면적을 계산하는 방법이 정리된 전산법田算法이 있습니다. 밭 전田에 계산할 산算을 썼으니 한자로도 의미를 유추할 수 있지요. 이 전산법을 보면 정사각형에서부터 직사각형, 직각

삼각형, 등변사다리꼴, 이등변삼각형, 마름모꼴 등 다양한 형태의 농지 넓이를 계산하는 방법이 꽤 상세하게 실려 있습니다. 우리가 수학 시간에 배우는, 도형의 넓이를 구하는 과정과 비슷합니다.

하지만 정약용은 말합니다. 전국 팔도를 돌아다녀도 정확히 이런 모양으로 생긴 농지는 단 하나도 마주치지 못할 거라고요. 전산법에 아무리 다양한 형태의 농지가 실려 있다 한들 세상에 어떻게 정사각형이나 직사각형, 마름모꼴 농지만 존재하겠습니까. 토지는 대개 삐뚤삐뚤 제각각으로 생겨 먹어서 뱀 모양이 될 수도, 소뿔 모양이 될 수도, 둥근 가락지나 이지러진 달 모양이 될 수도 있는 것을요. 요컨대 현실에 존재하는 토지는 전산법에 실린 단순하고 반듯한 형태의 토지와는 거리가 멀다는 거죠. 따라서 전산법을 실제로 적용해도 농지 면적을 정확히 파악할 수가 없습니다. 만약 농민이 제 농지의 면적이 어떻게 정해진 건지 물어보기라도 하면 아전(관청에 근무하는 하급 관리)은 "전산법을 응용해서 측량한다."고 대답합니다. 하지만 사실은 아전이 대강 추산했을 뿐이지요.

농지 면적을 제대로 측량하지도 않았는데 비옥도에 따라 여섯 등급으로 나누기까지 합니다. 몇 결인지 알아내기까지 복잡한 계산이 필요하지요. 그런데 한 가지 문제가 더 있습니다. 땅이 늘 똑같은 상태가 아니라는 겁니다. 거름을 주면서 잘 관리한 땅은 비옥해지지만, 작물을 연작하거나 잘 관리하지 않은 땅은 척박해집니다. 10년이면 강산도 변하는데, 자연재해가 일어날 가능성 역시 무시할 수 없습니다. 그럼에도 한번 결정한 등급을 20년 동안이나, 혹은 20년이 넘도록 유지하는 거죠. 앞서 말했다시피 대규모 토지 조사는 20년마다 하는 게 원칙이었지만 실상은 달랐습니다. 남쪽 지역에서는 1719년 이후 100여 년이 지나도록 조사가 이루어지지 않았을 정도니까요.

토지 조사를 좀 더 자주 해서 농지 면적과 비옥도를 정확하게 파악하면 되지 않느냐고요? 정약용은 소용없다고 말합니다. 농지 측량도, 비옥도 측정도 주먹구구식이니 아전이 마음만 먹으면 얼마든지 농간을 부릴 수 있는 구조이기 때문입니다.

예를 들어 보지요. 어느 날 수령이 아전을 데리고 농지 측량에 나섭니다. 때마침 농지 주인이 나와 "세금이 너무 과합니다. 좀 줄여 주십시오."라고 호소합니다. 수령이 아전에게 물어보면 아전은 "정말 그렇습니다. 이 농지의 세금이 과한 건 모두가 아는 사실입니다."라고 대답하지요. 하지만 정약용은 이것이 농지 주인에게서 뇌물을 받은 아전의 농간임을 지적합니다. 만약 정말로 세금이 과했다면 농사를 지어도 남는 게 없었을 겁니다. 그럼 거기서 아무도 농사를 짓지 않았을 텐데, 멀쩡하게 농사짓는 걸 보면 세금이 그렇게까지 과한 건 아닐 가능성이 높다는 것이지요.

또 다른 예를 들어 보지요. 농지를 지나가는데 이번에는 아전이 "이 농지는 세금을 너무 적게 냅니다. 공평하게 처사하려면 여기는 세금을 더 걷어야 합니다."라고 얘기합니다. 정약용은 이역시 농간이라고 말합니다. 아전이 세금을 올리겠다고 협박하면서 땅 주인에게 뇌물을 요구하려는 것이지요. 적당히 뇌물을 바치는 자에게는 세금을 그대로 물리고, 뇌물을 바치지 않는 자에게는 세금을 더 물게 하는 것입니다.

이렇듯 정약용은 『목민심서』 곳곳에서 아전들의 농간을 주의해야 한다고 거듭 강조합니다. 앞으로도 계속 나오겠지만, 정약용은 아전을 매우 불신하며 경계합니다. 만약 이들이 수령에게 무언가를 제안한다면 일단 의심부터 하라고 말할 정도지요. 아전과 뇌물 제공자가 공모해 사사로운 이익을 도모하는 일일 가능성이 높기 때문입니다. 정약용은 별달리 큰 문제가 없다면 아전이 하는 말은 듣지 말고 그냥 종전대로 놔두라고 신신당부하기까지 합니다. 저도 이 대목을 처음 읽을 때는 정약용이 아전을 지나치게 의심하는 것이 아닌가 싶었는데, 이후에 나오는 여러 사례를 접하며 그런 우려가 기우가 아니었음을 깨달았습니다.

이는 사실 어느 정도 '수령'이라는 직위 자체에 내재한 한계 때문이기도 합니다. 지역에서 대대로 살아온 토박이인 경우가 많은 아전과 달리 수령은 왕명에 따라 낯선 고을에 파견된 외지인일 뿐이니까요. 이제 막 부임해 고을 물정을 파악하기도 어려운데, 수많은 농지의 실제 면적이니 비옥도를 알아보기는 더더욱 어려운 일이지요. 아전이 농간을 부려도 알아차리기가 쉽지 않은 겁니다.

정약용은 이렇듯 복잡하기만 하고 폐단은 많은 결부법을 폐지하고, 대신 농지를 측량할 때 실제 넓이만을 측정하는 중국식 경묘법頃畝法을 도입할 것을 주장합니다. 경묘법? 이건 또 뭐냐고요? 그냥 이런 게 있다고만 알고 넘어가도 됩니다. 지금은 큰 그림을 이해하는 게 중요하니까요. 요약하면, 복잡한 결부법 대신 단순한 제도를 도입하자는 겁니다. 정약용은 『목민심서』에 토지의 실제 면적을 정확하게 측량할 수 있는 구체적인 방법까지 실어 놓았습니다. 하지만 한편으로는 이런 한탄을 내뱉지요.

"지금 내가 제안하는 것은 사실 수령의 권한 밖에 있다. 정부에서 나서서 법과 제도를 바꾸고 적극 장려하지 않으면 할 수 없는 일이다."

아무리 취지가 좋다 해도 일개 수령이 기존의 법과 제도를 무시하고 제멋대로 할 수는 없는 노릇입니다. 『목민심서』는 수령의 고을 통치 매뉴얼 같은 책이었으니, 아무래도 수령의 권한을 넘어서는 일을 자세히 논할 수는 없었을 겁니다.

당시 조선 사회의 불평등은 심각한 수준이었습니다. '홍경래의 난' 같은 대대적인 민란이 일어난 것도 바로 이 시기죠. 세력가들은 아전에게 뇌물을 주고 세금을 면제받거나 감면받았습니다. 그럼 아전들은 부족해진 세금을 어떻게 충당할까요? 힘없고 가난한 농민들을 쥐어짜는 겁니다. 아전들이 세금을 횡령하는 일도 빈번했지요. 사정이 이러하니 중앙정부에서 걷는 세금은 갈수록 줄어듭니다. 아무리 농민들을 쥐어짜 세금을 충당한

다 한들, 거기에도 한계가 있을 테니까요. 수령이 멍하니 있으면 이런 악순환이 계속될 수밖에 없습니다.

물론 수령이 할 수 있는 일의 범위가 넓지 않다고 해서 잘못된 현실을 가만히 놔둘 수만은 없습니다. 바로 이것이 정약용이 『목민심서』를 쓴 이유 중 하나입니다. 할 수 있는 건 해야겠지요. 정약용은 다음과 같은 해법을 제시합니다.

① 농사짓지 않는데 세금을 걷는 농지를 조사해서 제외한다.
② 농사짓지만 세금은 내지 않는 농지를 찾아내 세금을 걷어 부족한 세금을 보충한다.

이 두 가지 해법이 구체적으로 어떤 의미가 있는지 살펴보겠습니다.

토지 장부(양안)에는 농사짓는 땅, 즉 세금을 거둘 땅으로 올라 있지만 실제로는 농사짓지 않는 땅을 진전陳田이라고 합니다. 묵을 진陳에 밭 전田이 합쳐진 것이니, 말 그대로 묵은땅이라고 이해하면 되겠네요. 그런데 문제는 이런 진전에 가짜 진전이 있고 진짜 진전이 있다는 겁니다.

가짜 진전은 무엇이냐? 예를 들어서 이번 해에 가뭄이 들었습니다. 원래 척박하던 땅에 가뭄까지 들었으니 제대로 된 수확을 기대할 수가 없습니다. 농민은 올해 농사를 포기합니다. 그렇다면 이게 바로 진전이 아닌가 싶지요? 올해는 농사를 짓지 않으니까요. 그런데 한 해 농사를 포기했다고 해서 덜컥 진전이라 기록하면 문제가 생길 가능성이 높습니다. 만약 이듬해에 상황이 좋아지면 어떤 일이 벌어질까요? 가뭄이 들지 않는다면 당연히 농민은 농사를 재개할 겁니다. 그런데 어느 누가 다시 농사를 짓는다고 관청에 알리겠어요. 이미 진전으로 기록됐으니 조용히 있으면 농사를 지으면서도 세금을 내지 않을 수 있는데요. 이것이 바로 가짜 진전입니다.

혹시 아전이 이를 눈치채서 세금을 걷는다면요? 이 경우에도 문제가 생길 수 있습니다. 장부에는 계속 진전인 채 내버려 두고서 걷은 세금을 횡령하는 것이죠. 농지로 다시 올리더라도 실제 면적보다 줄여서 기재한 후에 횡령하기도 하고요. 이렇게 경작을 재개했는데도 장부에 계속 진전으로 남아 있으면 '은결隱結'이 됩니다. 숨길 은隱 자에, 결부법의 결結 자를 쓴 것이니 느낌이 오

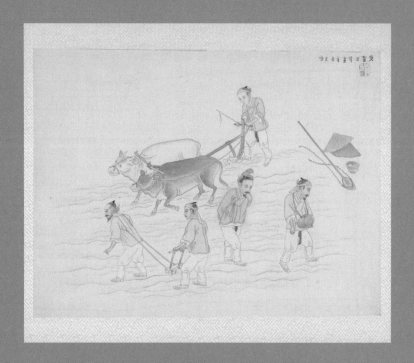

소 두 마리가 쟁기를 끌며 밭을 갈고, 두 사람은 써레로 씨 뿌릴 골을 내고, 씨앗 망태를 멘 다른 한 사람은 종자를 뿌리고 있습니다. 정약용은 호전 편 마지막 조에서 농사를 권장하는 것이 "수령의 으뜸가는 책무"이며 백성들의 부담을 덜어 줄 방법임을 강조합니다.

지요. 세금 부과 대상인데도 부정·불법으로 누락시킨 토지를 의미합니다. 이러한 은결이 늘어나면 나라 재정이 부실해질 수밖에 없습니다.

이번에는 진짜 진전을 알아보지요. 어떤 마을이 쇠락해서 주민 수가 줄어들고 토지도 척박해지는 상황인데, 마을에 할당된 세금은 이전과 같습니다. 이렇게 되면 세금 부담이 커져 심지어 농사를 포기하는 이들이 생겨납니다. 이때 이렇게 놀게 된 땅이 토지 장부에 진전으로 오르지 못하면 계속 세금 걷는 농지로 남아 있게 됩니다. 결국 농사를 짓지 않는데도 세금을 내게 되는 거죠. 아전들은 이 상황을 사리사욕을 채울 기회로 삼습니다. 농사짓지 않는 땅(진짜 진전)에서 걷은 세금은 중앙정부에 납부하고, 농사짓는 땅(가짜 진전)에서 걷은 세금은 제 주머니에 챙기는 겁니다. 어차피 고을에 할당된 세금 액수만 맞추면 되니까요.

정약용은 가짜 진전을 색출해 세금을 제대로 걷는 한편 진짜 진전은 세금을 면제해 주면, 세금 총액은 유지하면서도 좀 더 공정하게 세금을 거둘 수 있다고 말합니다. 물론 여기에는 만만치 않은 문제가 있습니다. 상황을 바로잡기 위해 조사를 한다 해도 결국 실무를 맡는 건 아전들일 텐데, 그들이 엉터리로 조사한 다음 아무 문제 없다는 식으로 보고하면 수령으로서는 대처하기 어렵다는 것이죠. 정약용은 이에 대해서도 대처법을 상세하게 적습니다.

① 농사짓지 않는데 세금을 걷는 농지를 조사할 때

아전에게 일을 지시하기 전에 마을마다 신뢰할 만한 사람을 두 명 뽑습니다. 이들에게 진전을 꼼꼼히 조사한 다음 장부로 만들어 보고하게 합니다. 여러 마을의 장부가 다 도착하면 이제 아전을 불러 당부합니다.

"마을 사람이 작성한 이 장부만으로는 믿기 어렵다. 농사를 짓지 않음에도 억울하게 세금을 내는 땅이 이렇게나 많다고 하는데, 이 세금을 다 감해 주면 세금을 채우기가 어렵다. 부족한 부분을 은결로 채우면(다시 말해서, 너희들이 그동안 횡령한 것으로 채우면) 결국 너희들이 손해를 보지 않겠느냐. 풍수설에 현혹되어 농지를 못자리로 썼다고 세금 안 내던 땅, 과일나무 심었다고 세금 안 내던 땅도 봐주지 말고 제대로 세

금을 걷어라. 너희들이 직접 나가서 오직 백성이 떠나고 황
폐해진 땅만을 장부에 기록하도록 하라."

이렇게 마을 사람과 아전이 작성한 장부를 대조하면서 서로
일치하지 않는 부분은 양쪽 사람을 불러 놓고 옳고 그름을 가려
내면 진짜 진전을 파악할 수 있습니다. 이 진짜 진전의 세금을
감해 주면 중앙정부에 바칠 세금에 부족한 부분이 생길 텐데요.
이때 아전들에게 가짜 진전을 조사해 보고할 것을 지시합니다.

② 농사짓지만 세금은 내지 않는 농지를 조사할 때

"세금이 부족하니 이는 마땅히 법에 따라 보충해야 할 것이
다. 지금 양안에는 묵은땅(진전)이라고 적혀 있지만 다시 경
작하고 있는 토지가 적지 않을 듯하다. 너희들이 장부를 들
고 나가 실태를 정확하게 파악하여 다시 경작되는 땅을 빠
짐없이 기록하도록 하라. 각 마을의 전감田監(실무 담당자라고
생각하면 됩니다)들이 상황을 알 것이니 너희는 그들을 불러
들여 사실대로 자백받도록 하라. 자백하기를 꺼린다면 너희

들이 직접 돌아다니며 상황을 파악해라. 그렇게 해도 부족해진 세금을 메울 만큼 찾아내지 못한다면, 결국 너희들이 (그동안 횡령한 것으로) 부담해야 할 것이다."

아전들이 조사한 결과를 보아도 부족한 세금을 충당하기 어렵다면, 다시 아전을 불러 지시합니다.

"모든 일은 공평해야 한다. 백성들은 무슨 죄가 있어서 농사도 안 짓는 땅에 부과된 세금을 내야 하며, 아전은 무슨 복이 있어서 농사짓는 땅을 장부에서 누락시키고는 세금을 사사로이 착복하는가. 채우고도 부족한 것은 그 양이 얼마가 됐든 너희가 다 납부하라. 납부하지 않으려면 대안을 제시하고, 대안이 없다면 무조건 납부해라."

일이 마무리되면 내용을 정리하여 공문서로 작성해 관찰사에게 보고합니다. 관찰사는 수령과 마찬가지로 왕명을 받고 임명된 관리로, 팔도에 파견되어 각 고을의 수령을 관리하고 감독하는 역할을 했습니다. 수령이 관찰사에게 보고하는 내용은 다음과 같습니다.

　"제가 다스리는 고을에서는 예전부터 농사짓지 않는 땅이
세금을 면제받지 못해 마을이 쇠퇴하고 백성이 떠나며 그
세금이 이웃에게 떠넘겨지니 뼈에 사무치는 폐단이 되었
습니다. 제가 조사해 보니 세금을 면제해 줘야 할 농지가
230결입니다. 국가 재정은 어렵고 중앙정부의 요구는 엄한
상황에 이러한 보고를 올리게 되어 송구할 따름입니다. 당
연히 이를 승인하기 어려운 줄로 알고 있습니다. 마침 고을
안에서 놀리다가 다시 농사짓기 시작한 토지를 조사해 보니
220결이 나왔습니다. 여전히 10결이 부족한데, 좀 더 자세히
찾아보니 새로 개간하거나 일군 논밭이 10결 있어 보고 올
립니다. 새로 찾아낸 농지 230결로 부족한 세금을 벌충할 수
있으니 토지 장부를 바로잡아 백성들이 억울하게 세금을 내
는 일이 없도록 하는 것이 이치에 맞겠습니다."

　정약용은 마을을 다니다 보면 곳곳에 묵은땅이 너무 많다고
이야기합니다. 사람들에게 왜 농사를 짓지 않느냐고 물어보면

세금이 무섭다는 거죠. 법에는 노는 땅을 개간하면 3년간 면세라고 명시되어 있지만, 백성들은 이를 알지 못해 땅을 묵힙니다. 수령이 법을 잘 알려 주면서 농업을 적극 권장할 필요가 있다고 덧붙이지요. 마지막으로, 1조 전정을 마무리하면서 은결의 폐해에 대해 걱정하고 한탄하는 정약용의 말을 옮기겠습니다.

"서울에서 벼슬살이하는 이들은 은결이 무슨 산기슭에 처박힌 황무지를 개간하면서 생기는 줄 안다. 그들은 멀쩡히 농사짓고 있으면서도 세금을 내지 않는 은결이 세금을 내는 땅보다 더 많다는 사실을 알지 못한다. 잡초가 우거진 황폐한 땅, 물에 잠기고 사태가 일어난 땅, 백성이 떠나 버려진 땅이 세금을 걷는 토지로 분류된다는 것, 정작 기름지고 온전하며 잘 가꿔진 땅은 전부 은결이 된다는 것을 알지 못한다. 세금을 걷을 때가 되면 온 고을의 토지를 파악하다가 그중 좋은 토지를 가려 은결로 빼돌리고, 거칠고 묵은 토지에 세금을 부과하는 것이 버릇이 되어 당연하고 떳떳한 일처럼 여겨지게 된 지 벌써 수백 년이다. 이는 한 고을의 수령이 해결할 수 있는 문제가 아니니, 아무리 능력 있고 청렴한 사람

Les Vieux Manuscrits
Corée-Séoul

정약용은 『목민심서』에 수령의 일 중 하나로 '보고서'를 꼽습니다. 앞으로
이야기하겠지만, 수령은 많은 보고서를 읽고 또 써야 했습니다.

이 지방관이 되더라도 수수방관할 수밖에 없다. 이 문제를
조금이라도 건드리면 사방에서 원망하는 말이 튀어나올 게
뻔하다. 그러니 '전정은 어쩔 도리가 없다.'고 하는 것이다."

1조 전정에서는 정약용의 두 가지 면모를 접할 수 있습니다.

첫째는 개혁가로서의 정약용입니다. 조선 후기 토지 제도의 문제점을 조목조목 짚어 낼 뿐만 아니라 문제를 개선할 대안도 가지고 있습니다. 하지만 개혁가 정약용은 기득권 세력의 저항이라는 현실의 벽에 부딪혀 좌절합니다.

둘째는 현실 정치인으로서의 정약용입니다. 현행법과 제도에 한계가 있다 한들, 그 안에서 최선을 다해 백성들을 위한 정치를 실현하려는 현실주의자이지요.

이 두 가지 면모를 보며 문득 다음과 같은 말이 떠올랐어요. "우리 모두 리얼리스트가 되자, 그러나 가슴속엔 불가능한 꿈을 간직하자."

『목민심서』를 쓴 정약용에게 어울리는 말이 아닌가 싶습니다.

2조 세법

그 옛날, 세금은
어떻게 걷었을까

앞선 1조 정전에서 정약용은 농사짓지 않는데 억울하게 세금이 부과되는 농지를 찾아 세금을 감면해 주고, 멀쩡히 농사짓고 있지만 세금을 내지 않는 농지를 찾아 부족한 세금을 채워 넣는 방법을 제시했습니다. 이렇게 세금을 걷어야 하는 농지를 정확하게 파악했다면 이제는 각각의 농지에 세금을 부과하고 거두어서 중앙정부로 운송하는 일이 남았지요.

2조 세법에서는 세금을 걷는 구체적인 과정을 다룹니다. 그 옛날에 세금은 어떻게 거두었을까요? 기술이 고도로 발전한 현대 사회에서도 개인이나 기업의 소득을 정확히 파악하는 일, 그것을 토대로 세금을 부과하고 징수하는 일은 결코 만만치 않습니다. 소득을 축소하거나 세금 납부를 회피하는 일이 비일비재하지요. 하물며 신용카드 결제나 현금 영수증 발급을 추적할 수도 없는 시대에는 어땠겠습니까.

이렇듯 조선 후기에는 오늘날보다 더 허술할 수밖에 없었으니, 아전이나 기득권층이 세금을 거두는 과정에 개입해 갖은 농간을 부리며 부당한 이득을 챙겼습니다. 정약용은 이러한 부정부패를 미연에 방지하고 세금을 공정하게 분배해 가난한 백성들의 부담을 덜어 줄 방법을 제시합니다.

　2조 제목은 세법税法입니다. 세금 세稅에 방법 법法 자를 붙인 것이니, 세금을 걷는 구체적인 방법에 관련된 내용이라고 이해하면 되겠습니다. 이제부터는 토지에 매기는 세금을 '전세田稅'로 구분해서 부르겠습니다. 전세가 정식 명칭이기도 하고, 당시 농민들이 부담한 세금은 전세 외에도 지방 특산물을 바치는 공납, 공공 근로 형식으로 노동력을 제공하는 부역 등이 있었기 때문에 다른 세금과 혼동되는 것을 피하기 위해서이기도 합니다.

　세법에서는 다룰 내용이 꽤 많은 편인데, 큰 줄기는 다음과 같습니다.

표재 ⇨ 작부 ⇨ 계판 작성 ⇨ 세금 징수 ⇨ 배를 이용해 서울로 운송

세금 징수나 배를 이용해 서울로 운송한다는 건 직관적으로 이해할 수 있지만, 표재니 작부니 계판 같은 단어는 무슨 뜻인지 추측하는 것조차 쉽지 않지요. 아무래도 200여 년 전의 일이니 그럴 수밖에요. 우리가 200년 전 사람들을 만나 카드 결제나 계좌 이체 같은 단어를 말하면 그들도 알아듣지 못할 테죠. 우리는 생소하고 난해한 단어들의 구체적인 의미를 들여다보는 작업을 피해서는 안 됩니다. 사실 암기식으로 공부한다면 군이 의미를 알 필요 없이 한두 줄 설명을 달달 외우는 것으로 충분하겠지만, 그렇게 머릿속에 구겨 넣은 지식이 얼마나 순식간에 사라져 버리는지 절감하고 보니 이 책을 읽는 여러분만큼은 제대로 '이해하며' 공부하기를 바랄 뿐입니다.

앞서 1조에서는 땅을 비옥도에 따라 여섯 등급으로 나누는 전분6등급에 대해 설명했지요. 그런데 당시에는 전분6등법 말고도 '연분9등법年分九等法'이라는 것이 있었습니다. 해 년年에 나눌 분分이 쓰였지요. 이는 매해 농사가 풍작인지 흉작인지에 따라 아홉 등급으로 나눈 제도입니다. 물론 등급에 따라 전세도 달라

졌지요.

상상년上上年이 무엇을 뜻하는지 감이 잡히나요? 익숙한 한자이니 충분히 짐작할 만합니다. 상 중의 상인 해이니, 농사가 대풍년을 이룬 겁니다. 이렇게 농사가 잘된 해에는 1결당 전세로 20두를 걷었군요. 심한 흉년이 든 하하년下下年에는 4두만 걷었고요. 그런데 잠깐, 잊지 않았지

상상년	20두
상중년	18두
상하년	16두
중상년	14두
중중년	12두
중하년	10두
하상년	8두
하중년	6두
하하년	4두

요? 비옥도에 따라(즉 1등전인지 3등전인지 6등전인지에 따라) 1결의 실제 면적이 다르다는 점 말입니다. '결'은 생산량을 기준으로 파악한 토지 면적이었죠.

어쨌든 연분9등법은 언뜻 보기에 합리적인 제도처럼 여겨집니다. 흉년인 해에는 전세를 적게 내고, 풍년인 해에는 좀 더 많이 내는 것이니까요. 그렇지만 현실은 그렇지 않았습니다. 비옥도에 따라 여섯 등급을 나누는데, 여기에 풍년인지 흉년인지에

따라 또 아홉 등급을 나눕니다. 이 두 가지를 조합하면 무려 54 개의 등급이 나오는 것이죠. 토지 조사도 수십 년에 한 번 겨우 하는 마당에 이렇게 복잡한 제도가 정상적으로 운영될 리 만무합니다. 결국 현실에서는 아래와 같이 슬그머니 바뀌지요.

뭐가 달라졌는지 아시겠나요? 상상년에서 상상전으로, 즉 '년'이 '전'으로 바뀌었습니다. 요컨대 풍년이니 흉년이니 따지지 말고 비옥도에 따라 9등급으로 나누는 것으로 바뀐 겁니다. 결부법 자체가 비옥도에 따라 등급을 나눈 건데, 거기서 또 비옥도를 따져 9등급을 나누자니 뭔가 이상하고 어색하지요. 게다가 실제로는 거의 모든 토지가 하중전 혹은 하하전으로 분류되었습니다. 사실상 연분9등급은 유명무실하고, 비옥도나 풍흉에 상관없이 1결당 6두나 4두를 전세로 내게 된 것이죠.

상상전	20두
상중전	18두
상하전	16두
중상전	14두
중중전	12두
중하전	10두
하상전	8두
하중전	6두
하하전	4두

그런데 여기서도 아전이 농간을 부립니다. 하중전은 6두, 하하전은 4두를 거두는 것이 원칙인데, 실제로는 하중전이든 하하전이든 똑같이 6두를 걷는 거죠. 정약용은 이렇게 씁니다.

"나주 고을의 예를 들어 보자. 하하전이 2만 결, 하중전이 1만 결인데 전부 6두씩 거두니 전세가 18만 두다. 한데 아전은 이렇게 징수해 놓고서는 중앙정부에 '하하전에서 4두, 하중전에서 6두씩 거두어 모두 14만 두입니다.'라고 보고한다. 아전이 중간에 착복한 것이다."

전세로 18만 두를 거둬 놓고서는 14만 두만 보고했으니, 아전은 4만 두를 횡령한 걸까요? 아닙니다. 여러분도 아시다시피 농지에는 논이 있고 밭이 있습니다. 그런데 논과 밭의 전세가 서로 달랐습니다. 밭에서는 쌀이 아닌 콩으로 세금을 거두었는데요, 이때 콩 납부량은 쌀 납부량의 절반으로 계산하는 게 원칙이었습니다. 세금이 쌀 1두면 콩은 2두라는 의미입니다. 문제는 아전들이 밭에서도 쌀을 걷었다는 겁니다. 원래 걷어야 할 전세의 두 배를 걷은 거죠.

가령 나주 고을 3만 결 중에서 2만 결이 논이고 1만 결이 밭이라고 합시다. 농지의 3분의 1이 밭이라는 의미죠. 그러면 아전이 중앙정부에 바친 14만 두 중 밭에서 걷은 건 얼마나 될까요?

하하전 2만 결에서 4두씩 납부하면 8만 두인데 이 중에 3분의 1인 26,666두는 밭에서 거뒀지요. 그런데 이걸 쌀로 거뒀으니 콩으로 바꿔서 내면 절반이 남겠죠? 그래서 13,333두를 추가로 횡령합니다. 하중전 1만 결도 마찬가지입니다. 1결당 6두씩 납부하면 6만 두인데 이 중에 3분의 1인 2만 두는 밭에서 거둡니다. 똑같이 이를 쌀로 거뒀으니 콩으로 바꿔서 내면 절반이 남습니다. 그래서 1만 두를 추가로 횡령합니다. 이렇게 횡령한 4만 두, 1만 3,333두, 1만 두를 모두 합치면 6만 3,333두가 됩니다. 정약용은 탄식하죠.

"한 고을에서만 6만 두가 넘게 손실이 나니 삼남 지역을 통틀어 계산하면 몇십만 두가 빠져나가는 셈이다. 조정은 멀어서 이런 상황을 알지 못하고, 조정에서 파견한 관찰사는 오히려 이런 상황을 좋아하여 조사하지 않고, 수령은 무슨 일이 일어나는 줄도 모르고 멍하니 앉아 있다. 이런 지가 수

정약용은 『목민심서』 '이전' 편(지방 관아의 인사 관리를 다룬 편입니다)에 이렇게 씁니다.

"백성은 토지로 논밭을 삼지만, 아전들은 백성을 논밭으로 삼는다. 백성의 껍질을 벗기고 골수를 긁어내는 것을 농사짓는 일로 여기고, 머릿수를 모으고 마구 거두어들이는 것을 수확으로 삼는다. 이것이 습성이 되어 당연한 일로 여기게 되었으니, 아전을 단속하지 않고서 백성을 다스릴 수 있는 자는 없다."

백 년이다."

　사실 이는 빙산의 일각일 뿐입니다. 전세 외에 다른 세금에서도 횡령이 일어나고 있기 때문이지요. 책을 찬찬히 읽어 나가다보면 그 실상을 알 수 있을 겁니다. 일단 지금은 전세에 집중합시다.

표재 ⇨ 작부 ⇨ 계판 작성 ⇨ 세금 징수 ⇨ 배를 이용해 서울로 운송

　세금을 걷는 것은 수령에게 매우 중요한 임무입니다. 하지만 수령이 부조리를 바로잡을 여지는 많지 않다는 말을 앞서 했지요. 법과 제도 자체에 문제가 많고, 그 폐단과 부정부패가 지역 사회에 뿌리 깊게 자리 잡고 있기 때문입니다. 정약용은 수령이 조금이나마 개입해 바로잡을 수 있는 부분이 '표재俵災'라고 말합니다. 나누어 줄 표俵에 재난 재災. 재난을 나눠 준다는 게 무슨 뜻일까요?

　연분9등법은 풍흉에 따라 전세를 조절하기 위해 도입된 제도인데, 시행하기가 너무 복잡하다 보니 사실상 작황에 상관없이

1결에 4~6두를 거두는 식으로 단순해졌다고 말했습니다. 하지만 가뭄, 홍수, 병충해 등으로 농사를 망친 해에는 부담이 커질 수밖에 없으니 흉년이 든 해에는 세금을 적절히 감면해 주곤 했습니다.

세금을 어떻게 감면해 주었느냐. 우선 고을에서 재해를 입어 작황이 좋지 않은 땅을 파악합니다. 300결이 재해를 입었다고 치지요. 수령이 관찰사에게 이러한 상황을 보고하니, 나라 재정 사정상 300결을 전부 감면해 줄 수는 없고 200결까지는 가능하다는 지침을 받습니다. 이제 수령은 이 200결을 재해 입은 농지에 골고루 분배해야 합니다. 바로 이것을 '표재'라 합니다. 왜 재난을 나눠 준다는 뜻의 한자가 쓰였는지 알겠지요.

세금 감면을 공정하게 분배하려면 먼저 재해 상황부터 정확하게 파악해야 합니다. 이를 집재執災라 합니다. 잡을 집執에 재난 재災, 즉 재난을 정확하게 집계하는 겁니다. 그런데 재난 실태 조사를 수령이 일일이 다니면서 할 수는 없는 노릇이지요. 결국 아전들이 다니면서 파악하게 되는데요, 여기서 '거짓 재해'가 발생합니다.

이런 식입니다. 돈 많은 지주는 집재 업무를 맡은 아전에게 돈을 쥐여 주고 거래를 합니다. 별다른 재해를 입지 않아 멀쩡하게 농사를 짓고 있는데도 재해 입은 땅, 즉 재결災結로 올리는 것이죠. 반면에 진짜로 농사를 망친 가난한 농민은 아전에게 쥐여 줄 돈이 없습니다. 재해 장부에 올려 달라고 아무리 사정해도 아전은 이런저런 트집을 잡으며 극히 일부만을 올릴 뿐이지요.

한편 수령은 관찰사에게 허락받은 200결을 골고루 분배해야 하니 다른 마을과의 형평성을 고려해 "올해가 흉년이기는 하지만, 그래도 네 마을은 농사가 잘된 편이거늘 어떻게 이렇게 재결이 많은가?"라고 하며 재해 장부에서 깎아 내기를 요구합니다. 이때 아전은 재해 장부에 극히 일부만을 올렸던 가난한 농민의 땅을 빼 버립니다. 부자의 멀쩡한 땅만을 남겨 두지요. 이것이 바로 '거짓 재해'입니다.

이런 폐단을 막아 보겠다고 수령이 아전을 시켜 재해 입은 땅의 구획마다 팻말을 세워 거기에 수확량과 농사짓는 사람의 이름을 기재하도록 하고서는, 몸소 현지답사를 나가기도 합니다. 직접 조사하면 농간을 적발할 수 있다고 생각하는 거죠. 하지만 정약용은 이를 어리석은 짓이라고 합니다.

농사짓는다고 이름이 적힌 사람은 전부 가공의 인물입니다.

소작농들이 지주의 집에 소작료를 내러 온 모습을 담은 그림입니다.
당시 대다수 농민들은 자기 땅을 갖고 농사를 지은 것이 아니라
남에게서 땅을 빌려 농사를 지었습니다. 이를 '소작'이라 합니다.

땅 주인의 이름도, 소작농의 이름도 아닙니다. 동쪽 사람이 서쪽 땅 팻말에 적혀 있는가 하면 남쪽 사람이 북쪽 땅 팻말에 적혀 있는 식이죠. 장부에는 이 농지에서 10부(0.1결)가 재해를 입었다고 쓰여 있는데, 사실 수령이 그것을 어찌 정확히 측정할 수 있겠습니까. 아전이 제대로 조사한 것인지 마구잡이로 조사한 것인지 구별할 방법도, 능력도 없습니다. 농민에게 물어도 아전이 무서워 제대로 얘기하지 않고, 아전에게 물어도 윗사람을 농락하는 말뿐입니다.

정약용은 말합니다. 수령은 천하에 외로운 사람이라고. 재해 입었다고 적힌 팻말을 쳐다보기만 할 뿐 뭐라고 따져 볼 수가 없는 겁니다. 수령이 직접 실태 조사를 하러 나가면 아전들이 떼를 지어 따라다니는데, 마을 사람들은 이런 모습을 보며 비웃으니, 수령의 위신이 이보다 더 추락할 수가 없습니다. 그렇게 돌아본 후에 수령이 재결을 깎으려 들면 아전들이 나서 "구획마다 팻말을 세워 조사해도 조금의 오차도 없는데 왜 깎으려 하십니까?"라고 반발합니다. 수령이 무슨 할 말이 있겠습니까.

그렇다면 수령은 어떻게 대처해야 할까요. 정약용은 먼저 정보를 차곡차곡 수집해 두라고 말합니다. 가령 5월 하순에 풍헌

유향소는 풍기 단속에서부터 아전을 감찰하고, 수령을 보좌해 조세 부과 및 분배 등에 대한 자문을 맡았던 기관으로, 향청鄕廳이라고도 합니다.

과 약정에게 따로 지침을 내려 닷새에 한 번 '어느 마을은 모내기를 반쯤 했고, 어느 마을은 모내기를 마쳤으며, 아무개 농민은 모내기를 반도 못 했고, 아무개는 전혀 하지 않았다.'라는 식으로 보고서를 작성해 올리게 합니다. 여기에 병충해나 수해, 풍해, 서리 피해, 우박 피해 등도 자세히 기록하도록 지시합니다. 풍헌은 유향소에서 마을 일을 맡아보던 사람을, 약정은 향약 조직의

임원을 가리킵니다. 유향소와 향약은 둘 다 마을 자치 기구고요.

　7월 하순에는 여러 마을에서 올라온 보고서 중에 중요한 내용을 추려 책자로 만듭니다. 이 책자를 활용하는 것은 시간이 지나 추수할 시기에 이르러서입니다. 거기 적힌 내용들을 서로 비교하고 대조하면, 어떤 농지가 작황이 좋지 못한 게 날이 가물어서인지 아니면 단순히 모내기가 늦어서인지 등을 파악하기 쉽습니다. 수령은 재해 실태 조사 업무를 맡은 아전을 불러다가 다음과 같이 타이르고 설득합니다.

　　"다른 아전들 모두 부정을 저지르는데 혼자 정직하게 행동한다고 해서 나라에 큰 보탬이 되기는 어려울 것이다. 그럼에도 내가 법도를 지키려는 까닭은 다른 것이 아니다. 떳떳한 도리를 지키려는 마음은 모든 사람이 다 같이 타고난 것이다. 신하 된 자로서 뻔히 도적질인 줄 알면서도 저지른다면, 천지 귀신이 훤히 보고 있는데 끝내 귀신에게 화를 입는 일이 없겠는가? 너는 이미 은결을 가지고 있어 그것으로 열 식구를 먹여 살리고 있다. 또한 실태 조사를 나가면서 이런저런 수고비를 받지 않는가. 그런데도 농간을 부린다면 이는 중죄를 짓는 것이다. 심하지 않은 정도라면 용서할 수도 있겠으나, 지나친 협잡질은 내 기필코 들추어낼 것이다. 생각을 고쳐 옛 버릇을 답습하지 말거라. 재해가 아주 심한 경우, 부자는 그래도 버릴 수 있지만 가난한 사람들은 불쌍하기 이를 데 없으니 가난한 농민의 쇠잔한 땅은 더욱 신경 써서 문서를 작성해 올리도록 해라."

구구절절 간절함과 진심이 담긴 말이지요. 그런데 여기서 짚고 넘어가야 할 대목이 있습니다. 앞서 설명했다시피 '은결'은 아전이 세금을 횡령하는 일입니다. 농사짓지 않는 것처럼 꾸며 세금 부과 대상에서 누락시킨 땅을 가리키는 말이었지요. 이런 횡령은 오늘날에도 그렇지만 당시 엄한 처벌을 받는 행위였습니다. 그런데 수령이 하는 말을 들어 보면 그런 행태를 알고도 눈감아 주고 있습니다("심하지 않은 정도라면 용서할 수도 있겠으나"). 이는 법과 현실의 괴리 때문입니다.

당시 지방 관청의 아전들은 공적인 업무를 담당하면서도 국가에서 제대로 된 보수를 받지 못했습니다. 시청이나 구청에서 일하는 공무원들이 월급을 제대로 못 받는다고 생각해 보세요.

지금으로서는 상상도 할 수 없는 일이지만, 이렇게 된 연유가 있습니다. 당시 일반 백성들은 군 복무를 하고 성곽을 쌓는 등의 공공 근로에 동원될 때 따로 임금을 받지 않았습니다. 의무였으니까요. 마찬가지로 지방 관청 아전들의 업무도 일종의 무보수 공공 근로였습니다. 다만 지위가 자식에게 세습되었지요.

많은 경우 아전들은 지역 유지여서 땅도 있고 재산도 넉넉해 보수를 받지 않아도 경제적 어려움이 크지는 않았지만, 조선 초기에는 마치 군 복무를 회피하듯 아전 일을 맡기를 꺼리는 분위기가 있었습니다. 업무에 필요한 비용을 일부 보전해 주기는 해도 보수가 따로 없으니까요. 문제는 이렇게 아전 일을 꺼리는 분위기가 계속되면 지방 관청 업무가 제대로 돌아갈 수 없다는 겁니다. 그러다 보니 아전들이 공무를 수행하며 요령껏 '보수'를 챙기는 걸 눈감아 주는 게 관례화되었지요. 그것이 눈덩이처럼 불어나 조선 후기에 이르러서는 백성들의 고혈을 빨아먹는 엄청난 폐단이 되었고요. 그래서 아전에게 공식적인 보수를 지급해 부정부패를 예방하자는 주장이 나오기도 했습니다만, 법과 제도를 고쳐야 하는 일이라 제대로 실현되지는 못했습니다.

요컨대 정약용은 이런 얘기를 하는 겁니다. 나라에서 너희 아전들에게 제대로 된 보수를 지급하지 않는 상황이니 네가 먹고 살기 위해 챙기는 것까지는 응당 눈감아 줄 것이다. 하지만 백성들 등골을 빼 먹을 정도로 큰 부정을 저지른다면 가만두지 않겠다. 특히 가난한 백성들을 잘 챙겨서 재해 장부를 작성하라.

이렇게 재해를 기록한 장부가 다 모이면 수령은 아전 우두머리들을 불러 이렇게 말합니다.

"너희는 실무를 맡은 아전들을 타일러 함께 의논하고 조사해서 지나치거나 거짓으로 들어간 것을 깎아 내도록 해라. 내가 이 일에 얼마나 간절한지 너희도 알 것이다. 계속 단속하는데도 거짓 보고가 없다는 식으로 발뺌하면, 내가 별도로 조사하여 부정행위를 잡아낼 것이다. 나중에 표재할 때 적발하는 방법도 준비되어 있다. 그런데도 너희가 끝까지 숨길 수 있겠느냐? 그때 가서 농간을 부린 것이 10부(0.1결) 이상이면 응당 엄한 처벌을 내리고 내년에는 아전으로 임용하지 않을 것이다. 이러한 내 뜻을 아전들에게 전해라."

그런 다음 수일이 지나 보고를 받는데, 깎고 줄인 것이 짐작한 바와 얼추 들어맞거나 진정성이 느껴진다면 일단 믿습니다. 하지만 만약 교묘하게 꾸미거나 변명만 늘어놓는다면, 따로 염탐하여 알아보는 일을 그만두어서는 안 됩니다. 아전들 중에는 분명 한통속이 아닌 이도 있을 것입니다. 이 사람을 시켜 재해 장부가 제대로 작성됐는지 은밀히 조사하는 것이지요. '아무개 면에 사는 아무개의 땅에서는 몇 냥을 받았고, 어떤 마을의 아무개 농지는 몇 부가 재해 장부에 올랐고, 아전 아무개는 거짓 재결을 몇 결 올렸고, 아전 아무개는 몇 냥을 미리 받았다.' 하는 식으로 조목조목 기록하게 하면서요. 설혹 여기에 거짓을 섞어 모함한다면 처벌받을 것이라고 단속해야 하고요. 이렇게 이 아전으로부터 보고를 받은 뒤, 또 다른 경로로 해당 마을을 조사하여 보고된 내용이 믿을 만한지 확인합니다.

그런 뒤에 다시 아전 우두머리들을 불러 목소리를 가다듬고 꾸짖습니다.

"너희 아전들이 재해 장부를 작성할 때 농간 부린 것에 대한 확실한 증거를 잡았다. 어떻게 이 지경에 이르렀는가. 법에 따른다면 엄벌을 내려야 하나 사흘 말미를 줄 테니 최대한 알아보아 사실대로 보고하라. 내가 조사하고 파악한 바와 부합한다면 용서해 주겠다. 끝내 나를 속이려 한다면 엄하게 다스리겠다."

이렇게 하면 거짓을 고하는 자가 거의 없을 것이며, 운이 좋으면 이미 조사한 것보다 훨씬 더 많은 부정을 찾아내기도 합니다. 하지만 끝내 실토하지 않고 거짓을 고한다면 한 명 한 명 들추어내 징계를 내립니다. 정약용은 이렇게 계속 추궁하면 더 좋은 결과를 얻을 수 있다고 말합니다.

한편, 아전들이 조사한 재결이 너무 많아 감면해 줄 수 있는 한도를 넘어선 경우에는 삭감해야 하는데, 이때는 다음과 같이 합니다.

수령에게서 지적을 받은 아전이 저 스스로 몇 결을 깎았다면 이는 가난한 농민이 진짜로 재해를 입은 땅일 가능성이 높습니다. 아전의 말만 듣고 장부에서 덜컥 깎아 버리면 안 됩니다. 아전에게 다시 깎을 것을 요구하고, 그래도 뭔가 꺼림칙하면 "네가 깎은 게 정말 거짓으로 올린 농지가 맞는가?"라고 묻습니다. 아전이 "네, 맞습니다."라고 답하면 믿을 만한 사람을 보내 깎인 농지를 돌아보게 합니다. 곡식이 잘 자라고 있다면 정직하게 깎은 것이겠고, 재해를 입은 농지라면 거짓으로 깎은 것이겠지요. 여기서 아전이 충직한지 아닌지를 알 수 있습니다.

재해 장부 작성을 마무리할 즈음에는 각 마을의 덕망 높은 인사들에게 공문을 보냅니다.

"지금 재결을 보고하려 하는데, 재해를 입었음에도 아전의 조사에서 빠진 곳은 여러 사람의 의견을 들어 보고 정리하여 알려 주기를 바란다. 친한 사이라고 이 사람 저 사람 들어 주다가 너무 많이 보고하면 하나도 반영되지 않을 것이니, 정말로 억울한 곳만 추려 보고하도록 하라."

이어 보고가 들어오면 아전이 작성한 장부와 일일이 대조합니다. 재결로 추가할 만한 곳이 있다면 다시 믿을 만한 사람을 보내 살펴보게 한 다음, 사실이라면 재해 장부에 보충해 넣습니다. 이때 수령은 관습적으로 경험 많은 아전을 파견하곤 하는데, 정약용은 이 또한 농간으로 이어지니 결코 그리해서는 안 된다고 강조합니다.

참으로 숨 막히는 과정이지 않습니까. 이 정도면 아전이 아무리 수를 쓴다 한들 빠져나갈 구멍이 보이지 않습니다. 반대로 생각하면, 이 정도로 단속하지 않으면 부정부패를 막기 어렵다는 뜻이겠지요.

자, 여기까지 수령으로서 최선을 다해 재결을 파악하고 정리했습니다. 이제 관찰사에게 보고해야 할 차례입니다. 정약용은 최대한 정직하게 보고할 것을 강조합니다. 상부에 보고할 때 종종 삭감당할 걸 예상하고 살짝 부풀려서 보고하기도 하는데, 절대 그렇게 해서는 안 된다고요. 관찰사가 부풀린 수치를 믿어 그대로 재결을 올리면 수령이 속인 셈이 되며, 그렇다고 부풀린 사실을 털어놓으면 애초에 거짓으로 보고한 죄를 고백하는 셈이니까요(물론 고백하는 대신 말을 삼키겠지요). 따라서 정직하게 보고하고, 만약 관찰사가 보고를 믿지 못해 거기서 더 삭감하려 들면 수령 자리를 걸고서라도 두 번 세 번 다시 보고합니다.

관찰사가 단지 수령을 믿지 못해 삭감하려는 게 아닐 수도 있습니다. 관찰사가 수령에게 그러했듯이, 조정에서는 관찰사에게 세금을 얼마까지 감면할 수 있는지 한도를 정해 줍니다. 여기에는 각 지역의 작황이며 정부의 재정 상황 등이 고려됩니다. 예를 들어 경상도를 관장하는 관찰사에게 재결을 2만 결 할당했다고 합시다. 그럼 관찰사는 경상도에 속한 고을들의 재결 총합을 2만 결에 맞춰야 합니다. 애당초 할당받은 재결 수가 적어 부득이하게 고을마다 일괄적으로 깎을 수도 있는 것이지요. 이런 경우에는 관찰사의 의견을 따를 수밖에 없습니다.

이어 정약용은 관찰사에게 정직하게 보고해 좋은 결과를 얻은 정택경의 예를 듭니다. 강진 출신 무관으로 언양 현감을 지낸 정택경은 상부에 재결을 보고하다 "자진 삭감하라."며 퇴짜를 맞았습니다. 정택경이 보고서를 그대로 다시 올리니 관찰사가 "홍문관(국왕의 자문 기관) 출신으로 수령에 임명된 자도 감히 이렇게 하지 못할 텐데, 무관 출신 따위가 어떻게 이럴 수 있느냐."라고 무시했습니다. 정택경은 분노하여 이렇게 항의하지요. "비록 문신과 무신에 하늘과 땅의 차이가 있더라도 백성은 다 같은 농사짓는 백성이다. 소중한 것은 백성인데, 어찌 수령의 귀천을 논하느냐." 이 말의 준엄함에 관찰사는 사과하고 정택경이 보고한 재결을 그대로 받아들였습니다. 연말이 되어 관찰사는 정택경에 대해 '강직하고 흔들리지 않아 처음과 끝맺음이 한결같다.'라는 수령 평가를 올렸습니다. 이렇게 올라온 전국의 업무 평가서를 살피던 왕이 언양에 이르러 "정택경이 누구인가?"라고 물었습니다. 승지(국왕의 비서)가 "강진의 무과 출신입니다."라고 대답하자 왕은 "업무 평가로 보건대 필시 상사와 다투어 굴하지 않은 것이로다. 변두리 고을의 한미한 무관이 이런 평가를 받았다면 반드시 쓸 만한 재목일 것이다."라고 말하고 안동 토포사(지방의 군영에서 도둑 잡는 일을 맡아보던 벼슬)로 임명했습니다.

이렇게 관찰사로부터 재결을 확정받았다면 이제 재결을 고르게 배분하는 '표재'를 해야 합니다. 재결을 신청한 대로 인가받았다면 문제없지만, 삭감당했다면 그에 맞춰 줄여서 배분해야겠지요. 물론 표재를 할 때에도 아전의 농간에 주의해야 합니다. 마지막까지 방심은 금물이니까요.

정약용의 조언은 다음과 같습니다. 재해 장부를 각각 수령이 보는 용도, 아전이 보는 용도, 백성이 보는 용도로 제작한 다음 함부로 훼손하거나 수정할 수 없도록 도장을 찍어 각 마을의 명망 있는 선비를 불러 나눠 줍니다. 선비들은 이 재해 장부를 마을로 가져가 마을 사람들이 쉽게 볼 수 있도록 비치하고, 그중 '거짓 재해'를 입은 곳을 찾아내면 점을 찍어 둡니다.

오늘날로 치면 행정 정보 공개를 통해 부정부패를 적발하는 장면이 펼쳐지는 거죠. 생각해 보세요. 아전이 작성한 재해 장부를 전면 공개한 것이잖아요. 거기에는 누구네 땅이 심각한 피해를 입었고 누구네 땅은 별 피해가 없다는 내용이 적혀 있을 텐데, 마을 사람들은 이미 서로의 사정을 잘 알고 있죠. 만약 장부에 아무런 피해 없이 농사가 잘된 부잣집 논밭이 올라 있으면 순식간에 아전을 비난하는 목소리가 높아질 겁니다.

하지만 아무리 명망 높은 선비라 할지라도 실제로 장부에 점을 찍는 것은 부담스러운 일입니다. 장부에 점을 찍으면 위세 당당한 아전과 돈 있는 지주를 동시에 저격하는 일이니까요. 어느누가 그런 부담을 안고 싶겠습니까. 정약용은 분명 아전의 친인척이 은밀히 찾아와 점을 찍지 말 것을 요구할 거라고 말합니다. 그러니 수령은 선비를 불러 잘 설득해야 합니다.

"수령은 임기를 마치면 떠나지만 아전은 고을 토박이다. 그러다 보니 아전은 큰 영향력을 가진 두려운 존재다. 하지만 장부가 공개되어 이미 마을 사람 모두가 부정부패를 알게되지 않았는가. 설사 네가 점을 찍지 않는다 하더라도 결국엔 그 소문이 내 귀에까지 닿게 된다. 그렇게 되면 너는 대체 무슨 면목이 있겠는가? 상황이 이러함을 아전에게 이야기하면 그도 너를 원망하기 어려울 것이며, 백성들 또한 화낼 일이 없다. 그리고 네가 점을 찍더라도 내 선처하여 아전을 크게 벌주지는 않을 터이니 마땅히 사실대로 점을 찍어야 할 것이다."

그렇게 각 마을에서 점 찍은 장부가 들어오면 전부 모아 계산하고 검토하되 농간질이 소액이면 덮어 두어 묻지 않고, 액수가 크면 즉시 환수하여 재해 피해를 크게 입었으나 재해 장부에서 빠진 농민들에게 주도록 합니다. 이 일로 아전에게 형벌을 줄 필요까지는 없고, 연말 평가 때 믿을 만한 인물로 교체하는 선에서 마무리합니다.

표재 ⇨ **작부** ⇨ 계판 작성 ⇨ 세금 징수 ⇨ 배를 이용해 서울로 운송

자, 이렇게 표재가 끝나면 이제는 할당된 세금을 실제로 거두기 위한 작부作夫 작업에 들어갑니다. 작부란 농지에 부과된 세금을 손쉽게 징수하기 위해 도입된 제도입니다. 조선 후기에 농민

들이 농사짓는 땅 넓이는 대체로 1결보다 훨씬 작았습니다. 그런데 이제까지 읽은 내용을 곰곰이 떠올려 보세요. 세금은 '결' 단위로 부과했었죠. 그렇다면 1결도 채 농사짓지 않는 농민들 한 명 한 명에게서 자잘한 액수의 세금을 징수하는 건 꽤 번거롭고 소모적인 일이 될 겁니다.

여기서 등장하는 것이 바로 작부입니다. 농지를 8결 단위로 묶어 부夫라 하는데, 작作은 만든다는 의미이니 이렇게 8결 단위로 농지를 묶는 것을 가리켜 작부라 하는 것이지요. 그런 다음에는 부마다 대표자를 둡니다. 이 대표자를 호수戶首라 하는데, 호수로 하여금 부에 부과된 전세를 대신 거둬 납부하게 했습니다. 호수는 납세 과정을 책임지고 수행하는 대가로 일정량의 곡식을 취할 수 있어 좋았고, 농민들은 농민들대로 관청까지 곡물을 지고 가 납부하는 수고를 덜 수 있으니 좋았습니다. 이렇게만 보면 관청, 호수, 농민 셋 모두에게 좋은 제도처럼 보입니다.

그런데 이제 감이 오지 않나요? 앞서 아전들이 그랬던 것처럼, 중간에서 일을 맡는 이 호수라는 자리가 농간을 부리기 좋아 보이지요. 관청에 납부할 양을 초과해서 거둘수록 자신에게 이득이니까요. 그래서 토지가 있는 아전이나 위세 높은 양반들이 호수 자리를 꿰차고서는 동시에 여러 부의 호수를 겸임하며 이익을 취하는 일이 성행했습니다.

이런 조건을 활용해 아전들은 전방위적으로 세금을 횡령하는 데요. 그 구체적인 상황을 살펴보지요.

아전이 농민에게 다음과 같은 거래를 제안합니다. 자신에게 1결당 12~13냥 혹은 쌀 45두를 주면 세금을 다 알아서 처리해주겠다는 거죠. 이때 아전이 제안하는 액수는 대체로 농민이 내야 할 이런저런 세금의 총합을 살짝 초과했는데요. 농민 입장에서는 세금을 직접 내려면 세금에 더해 멀리 있는 관아 창고까지 쌀을 운송하는 비용에 이런저런 수고가 들 테니 아전의 제안을 괜찮다고 여겨 받아들입니다. 이를 '방납防納'이라 합니다(대동법大同法을 시행하게 된 배경인 '방납'을 떠올리는 분도 있을 텐데, 그것과는 다른 방납이니 혼동이 없기를 바랍니다). 훼방할 방防에 납부할 납納이니, 세금 납부하는 걸 훼방 놓는다는 뜻이죠.

이렇게 방납으로 농민에게 받은 돈 혹은 쌀을 아전은 통째로 삼킵니다. 그러고는 이 사실을 은폐하기 위해 다양한 방법을 동원합니다. 아전이 '은결'과 '거짓 재해'를 통해 세금(쌀)을 착복했던 것 기억하시죠? 방납한 농지의 세금을 그것으로 채워 넣는 겁니다. 그 밖에도, 세금을 면제받는 가구를 활용하는 방법이 있습니다. 특수한 군인 신분이거나, 왕실과 연이 있거나, 나이가 아주 많은 노인이 있거나, 특수직에 종사하거나, 효자나 열녀로 칭송받는 등의 이유로 세금이 면제되는 가구들이 있습니다. 아전은 방납으로 세금을 받아 둔 농지를 이런 면세 가구 장부에 슬쩍 올려놓습니다. 그러고는 세금을 쏙 가로채는 것이죠.

앞서 아전들이 하하전 밭에서 콩 대신 쌀을 전세로 거둬 그 절반을 빼돌렸던 것을 기억하시지요? 이것도 싹싹 긁어 활용합니다. 아전이 방납으로 받은 돈은 제 주머니에 챙기고서는, 하하전에서 추가로 거둔 쌀로 방납한 농지의 세금을 채워 넣는 거죠. 이렇게 아전이 백성과 거래하여 부과된 세금을 횡령하는 행위를 방결防結이라 했습니다. 훼방할 방防을 썼지요.

지금까지 설명한 것은 아전이 방납으로 받은 돈 전액을 고스란히 횡령하는 방법인데요. 전액을 챙기는 방법이 있다면 당연히 일부를 횡령하는 방법도 있겠죠. 바로 제역촌除役村을 활용하는 방법입니다. 면제할 제除에 일 시킬 역役, 마을 촌村 자로 이루어진 단어이니 '일 시키는 것을 면제해 주는 마을'이라는 뜻인데, 이게 무슨 말인가 싶지요. 제역촌이 무엇인지 이해하려면 당시 세금 제도를 자세히 들여다볼 필요가 있습니다.

과거 동아시아 국가의 조세 제도는 중국에서 유래한 조용조租庸調 체계를 기반으로 했습니다. 조租는 농지에 부과하여 징수하는 곡물을, 용庸은 성인 남성이 의무적으로 동원되는 공공 근로를, 마지막 조調는 가구별로 토산물(지역 특산물)을 납부하는 것을 의미합니다.

그런데 토산물을 납부하는 '조'는, 조선 후기에 대동법이 시행됨에 따라 농지에 부과해 쌀이나 돈을 납부하는 식으로 바뀌었습니다. 공공 근로인 '용'도 마찬가지로 바뀌었고요. 요컨대, 이런저런 형태로 거두던 것을 전부 농지에 부과해 쌀이나 돈을 걷는 방식으로 바뀐 겁니다. 정약용이 『목민심서』를 쓰던 시기에는 농민들이 납부하는 이런저런 명목의 세금에 조용조가 다 포함되어 있었습니다. 여기까지 이해하셨지요?

자, 그럼 다시 질문을 던져 보겠습니다. 제역촌은 무얼 뜻하는 걸까요? 역, 즉 일 시키는 것을 면제해 주는 것이라면 조용조 중에서도 '용'(공공 근로 의무)을 면제해 주는 마을이라는 뜻이겠죠. 제역촌의 종류는 다양해서 관청 업무와 연관된 마을, 수공업자 마을, 향교나 서원이 있는 마을, 역驛이나 숙박 시설이 있는 마을, 절 입구에 위치한 마을, 양곡 창고가 있는 마을, 왕족의 생계나 군대 보급과 연관된 마을 등이 있습니다. 이런 마을은 주민들이 특수한 업무에 종사하고 있으니 '용'에 대한 세금을 면제해 주는 것이지요.

그렇다면 아전은 어떻게 방납으로 받은 돈 일부를 횡령하느냐? 아전이 작부(세금 징수를 수월히 하기 위해 농지를 8결 단위로 묶는 것을 작부라 했지요) 장부를 작성하면서 일반 농지를 몰래 제역촌이라 기재합니다. 제역촌이 아닌 땅을 제역촌에 속한 것처럼 허위로 작성하는 거죠. 물론 이 일반 농지에서 농사짓는 백성에게서는 세금을 대신 납부해 주겠다고 돈이나 쌀을 방납으로 받습니다. 이때 방납 액수는 1결당 12~13냥 혹은 쌀 45두 정도라고 말했지요.

조용조 중 첫 번째 '조'는 전세로, 1결당 6두입니다. 대동법 시행으로 토산물(이것이 조용조 중 두 번째 '조'였습니다) 대신 납부하게 된 쌀, 즉 대동미大同米는 1결당 12두고요. 여기다가 이 전세와 대동미를 서울로 운송하는 비용 등 이런저런 잡비를 셈하면, 중앙정부에 세금을 바치는 데 들어가는 것이 도합 20여 두입니다. 방납으로 받은 쌀 45두에서 이 20여 두를 중앙정부에 납부한 뒤

남은 양이 바로 '용'에 대한 세금일 텐데요. 이걸 아전이 착복하는 겁니다. 요약하자면 장부에서 일반 농지를 제역촌으로 옮겨 놓고는, 제역촌에는 면제되는 '용'에 대한 세금을 아전이 떼어 가는 거죠. 이런 횡령 행위를 양호養戶라 했습니다.

곳곳에 제역촌이 많다 보니 아전이 몰래 옮겨 기록한 것을 수령이 빠짐없이 살피기란 어려운 일입니다. 정약용은 이런 양호에 대해 다음과 같이 대처할 것을 조언합니다. 일단 고을의 전체 결 수에서 면세지 결 수를 빼고, 거기서 다시 재해 농지로 인정된 결 수를 빼면 실제로 세금을 거둬야 하는 결 수가 나옵니다. 예를 들어 고을 농지가 총 1만 결인데 면세지가 3,000결이고 재해 농지가 1,000결이면, 실제로 세금을 거둬야 하는 농지는 6,000결이 되는 것이지요. 작부 장부를 작성할 때 아전에게 전부 합해 6,000결이 되어야 한다고 엄하게 주의를 주어야 한다고, 그러면 멀쩡한 토지를 제역촌으로 옮겨 세금을 횡령하는 행위를 어느 정도 막을 수 있다고 정약용은 말합니다.

나아가 정약용은 아전들의 방납 및 세금 횡령을 방지하는 효과적인 방법을 제시합니다. 부잣집을 추려 따로 장부를 만든 다음, 이 부잣집에서 걷은 세금으로 중앙정부에 보낼 전세와 대동미를 우선 충당하는 것입니다. 그 과정은 다음과 같은데요.

먼저 아전들이 본격적인 방납에 들어가기 전인 8월 초에 백성들에게 알립니다.

"올해 농사가 잘못되었으니 할당된 세금 액수를 채우는 일이 만만치 않겠구나. 그런데 부잣집의 비옥한 땅이 방결로 빠져나가 세금으로 거둬지지 못하고 있다. 우리 고을은 중앙정부에 보내야 할 세금이 전세와 대동미, 운송비에 잡비를 포함하니 쌀 4,800석이고 이 중 재해를 인정받아 감면할 수 있는 세금이 800석 정도다. 따라서 대략 4,000석이 내년 봄에 중앙정부로 보내야 할 실제 액수다. 농지 1결마다 2석을 징수하면 4,000석을 충당하는 데 2,000결이 필요하다. 우리 고을 농지는 총 6,000결이지만 면세받는 결을 제하면 4,000결이다. 이 4,000결 가운데 우선 부잣집의 기름진 농지 2,000결에서 세금을 징수하여 충당하는 편이 좋을 것이다.

9월 하순에 여러 마을의 양반들土民이 각기 마을에 모여 논의해 부잣집의 비옥한 땅으로 먼저 각 마을에 할당된 세금액을 충당하도록 하며, 해당 토지의 실제 주인과 소작인의 이름, 아전이 허위로 작성한 장부 내용까지 상세히 기록한 책자를 만들어 관아에 제출해라. 아전만 있는 줄 알고 국가는 있는 줄 모르는 어리석음을 범하지 말라. 종전대로 방결을 계속한다면 빗질하듯 철저히 조사해 기필코 적발할 것이며, 세금을 다시 징수하고 법에 따라 처벌할 것이다."

참고로 당시 고을마다 1결당 거두는 세금 액수에는 차이가 있어서 나주는 45두, 강진은 30두, 해남은 25두, 영암은 24두, 장흥은 28두를 세금으로 바쳤습니다. 이렇게 차이가 나는 이유는 고을마다 조용조 중 '용'의 많고 적음이 다르기 때문입니다. 하지만 중앙정부에 상납하는 세금 액수는 같아서 1결당 20여 두(전세 6두, 대동미 12두, 운송비 등 잡비 2~3두)입니다.

그러므로 농지가 1만 결인 고을에서 1만 결에 대한 세금이 전부 중앙정부로 올라가는 건 아닙니다. 예를 들어 나주의 농지가 1만 결이라고 합시다. 나주에서는 결당 45두를 거두니 1만 결이면 세금으로 45만 두를 확보할 수 있습니다. 하지만 백성마다 형편이 달라 세금을 한꺼번에 거두기가 어렵습니다. 그러니 일단 여유가 있는 부잣집에서 거둔 세금을 중앙정부에 보낼 용도로 충당합니다. 중앙정부에 바치는 세금은 대체로 기한이 촉박하고 액수와 납기일을 정확히 지켜야 하는데, 부잣집의 비옥한 땅은 수확량이 충분해 아무래도 세금 걷기가 수월하니까요. 중앙정부에 상납하는 세금 액수가 1결당 20여 두이니 1만 결이면 20여 만 두입니다. 이 정도 액수면 5,000결에서 거둔 세금으로 충당할 수 있습니다.

그러면 아직 세금을 거두지 않은 농지는 5,000결이 남게 되는데, 이것이 조용조 중에서 '용'에 해당합니다. '용'은 수령의 급여나 관청 운영비 등으로 활용되는데요(뒤에서 좀 더 자세히 다루겠습니다). 여기에 쌀 18만 두 정도가 필요하다고 합시다. 나주에서는 1결당 45두씩 거두니 4,000결이면 쌀 18만 두를 확보할 수 있습니다. 중앙정부가 아닌 지방 관청에서 사용할 세금은 액수나 납기일을 수령이 재량껏 조절할 수 있으니, 가난한 집의 척박한 토지에서 거두더라도 상황에 맞게 유연히 대처할 수 있습니다.

이제 세금을 걷지 않은 농지는 1,000결이 남았습니다. 1,000결에 대한 세금 4만 5,000두는 아전들이 착복한 은결과, 하하전 밭에서 초과 징수한 쌀로 먼저 납부하게 합니다. 그러고 나서

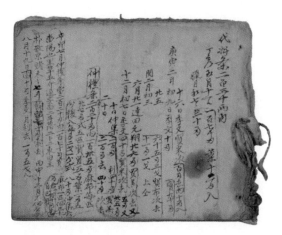

집안의 금전 사정이 기록된 장부입니다. 금전을 거래한 날짜, 거래한 사람의 이름, 거래한 내역 등이 적혀 있습니다.

1,000결에서 실제로 거둔 세금은 아전들이 보수로 챙길 수 있도록 눈감아 줘도 무방할 것이라고 정약용은 말합니다.

만약 정약용의 조언에 따르지 않고 아전들에게 맡겨 놓는다면 무슨 일이 벌어질까요? 부잣집의 비옥한 농지에서 거둬들인 세금은 가짜 재해, 제역촌, 면세지 등 갖은 수단을 동원한 아전들의 주머니 속으로 들어갈 테고, 정작 가난한 백성들이 대부분의 세금을 부담해야 하는 상황에 내몰렸을 겁니다. 극심한 빈부 격차를 우려했던 정약용은 수령의 권한 안에서 이 문제를 완화할 수 있는 구체적이고 실용적인 방법을 제시한 것이죠.

표재 ⇨ 작부 ⇨ **계판 작성** ⇨ 세금 징수 ⇨ 배를 이용해 서울로 운송

작부 작업을 통해 세금을 거둬야 하는 농지를 파악했으니 이제 계판計版을 작성해야 합니다. 계판이란 아전들이 올해 거두어들일 구체적인 세금액을 헤아려 정하고 장부에 적는 일을 말합니다. 역시나 여기서도 아전들의 농간과 폐단이 적지 않기 때문에 마음을 놓아서는 안 됩니다. 그야말로 곳곳이 지뢰밭이네요. 지뢰밭 상황을 한번 살펴보지요.

계판에는 세 가지 구분이 있는데 바로 국납國納, 선급船給, 읍징邑徵입니다.

국납은 여러분도 짐작할 수 있을 겁니다. 나라 국國에 바칠 납納 자를 썼으니, 중앙정부에 내는 세금을 뜻합니다. 선급은 배 선船, 줄 급給이니 세금을 중앙정부로 운송하는 뱃삯을 뜻하고요. 읍징은 고을 읍邑에 징집할 징徵, 즉 고을 관아에서 사용하는 세금을 뜻합니다. 오늘날로 치면 지방세겠네요. 의미를 알고 보면

별로 어려운 내용은 없지요? 지금부터는 각각을 좀 더 자세히 설명하겠습니다. 먼저 국납부터 살펴보죠.

국납: 중앙정부에 보내는 세금

중앙정부에 보내는 세금은 결렴, 쇄렴, 석렴 이렇게 세 항목이 있는데요. 각 항목이 의미하는 바는 다음과 같습니다.

① 결렴結斂

결結에 거둘 렴斂 자를 붙였죠? 앞서 계속 설명했던, '결에 부과해서 거두는 세금'을 말합니다. 세부 항목은 대략 이렇습니다.

전세미田稅米 6두/결

대동미大同米 12두/결

삼수미三手米 1두 2승/결
: 훈련도감에 소속된 포수·사수·살수의 군량미

결미結米 3두/결
: 부족한 국방 예산을 메우기 위해 거두는 세금

전세미는 1결당 6두씩 거둔다는 의미이고, 다른 항목들도 같은 식으로 이해하면 됩니다. 전부 더하니 22두 2승입니다. 1결마다 22두 2승을 걷는다는 말이죠. '승'은 뭐냐고요? 두와 마찬가지로 양을 나타내는 단위입니다. 1두는 10승이고, '승'은 한 되, 두 되 할 때의 '되'입니다.

② 쇄렴^{碎斂}

부술 쇄^碎에 거둘 렴^斂. 부숴서 거둔다는 게 무슨 뜻일까요? 먼저 쇄렴에 들어가는 항목은 다음과 같습니다.

창작지미^{倉作紙米} 2석
: 운송한 세금을 서울의 창고에 수납할 때 드는 비용

호조작지미^{戶曹作紙米} 5석
: 호조(지금의 기획재정부)에서 세금을 수납할 때 드는 비용

공인역가미^{貢人役價米} 5석
: 필요한 물품을 조달하는 상인이 부리는 일꾼들의 보수

다 합하면 쌀 12석이지요. 이 12석은 결렴처럼 결당 얼마씩 거두는 게 아니라 한 번에 거두어들이는 것이니 공평하게 분담

조선 후기에 곡물의 양을 재던 도구인 '말'과 '되'와 '홉'입니다. 가장 큰 것이
'말'(오른쪽), 가장 작은 것이 '홉'(왼쪽)입니다. 실제 '말'은 '되'(가운데)의 열 배이므로
사진보다 크답니다.

하려면 전체 결 수로 나누어야 합니다. 예를 들어서 어떤 고을의
전체 결 수가 3,600결이면 12석을 3,600결로 나누는 거죠. 땅을
많이 소유한 사람일수록 분담금이 커지는 식이지만, 12석을 전
체 결 수로 배분하고 나면 아주 적은 양이 됩니다. 대강 계산해
보면 1결당 0.5승, 즉 반 되이니까요. 이
렇게 세금을 작게 쪼개서(부숴서) 분담하
게 하니, 왜 쇄렴이라고 하는지 아시겠
지요?

잠깐 정리하면,
1석은 15두(말),
1두는 10승(되),
1승은 10홉,
1홉은 10작입니다.

③ 석렴石斂

석렴은 배로 운송해 서울에 있는 창고로 들어가는 세금(쌀) '1석마다' 추가해 거두는 세금입니다. 이때 석石은 쌀 한 섬, 두 섬 할 때의 '섬'이라고도 하는데요. 세금의 성격을 살펴보면 왜 석 단위로 걷는지 이해할 수 있습니다.

가승미加升米 3승/석
: 부대에서 새거나 쥐가 먹는 등의 쌀 손실 보충

곡상미斛上米 3승/석
: 부패나 건조 등으로 인한 쌀 손실 보충

경창역가미京倉役價米 6승/석
: 서울 창고에서 일하는 일꾼의 보수

하선입창가미下船入倉價米 7홉 5작/석
: 쌀을 배에서 내려 창고에 넣는 데 동원된 인부의 보수

쌀에 손실이 난 것도 석마다 평균해서 계산하는 게 합리적이고, 일꾼의 보수도 그들이 작업한 석 수로 계산해 주는 게 합리적이겠지요. 위 네 가지 세금을 전부 합치면 1두 2승 7홉 5작입

니다. 중앙정부로 보내는 세금의 총 석 수에 1두 2승 7홉 5작을 곱하면 고을에서 납부할 양을 계산할 수 있습니다. 이를 다시 고을의 결 수로 나누면, 1결당 추가로 걷어야 할 쌀의 양도 구할 수 있지요.

결렴, 쇄렴, 석렴을 합하면 중앙정부에 납부해야 하는 최종적인 세금 액수가 나옵니다. 그렇다면 지뢰는 여기 어디에 숨어 있는 걸까요?

전세, 대동미 등을 거두는 결렴에서 발생하는 농간질은 이미 상세히 다뤘습니다. 하하전은 결당 4두를 거두는 것이 원칙인데 6두를 거둔다든가, 밭에서 콩이 아닌 쌀로 거둬 차액을 챙기는 식이었지요. 마찬가지로 쇄렴에서도 농간질이 벌어집니다. 앞서 든 예시처럼 1결당 5홉에 불과한 소액이라 챙길 거리도 없을 것 같은데 말이지요. 한데 농민들이 농사짓는 땅은 1결에 훨씬 못 미친다고도 말했습니다. 그렇다면 쇄렴도 5홉보다 훨씬 적은 양을 납부하겠지요. 하지만 실제로는 1홉 미만이어도 1홉을 거두고, 1홉 내외로 떨어져도 5홉을 거두는 식으로 이득을 챙깁니다. 쇄렴은 총 12석을 거두라고 명시되어 있지만, 이렇게 조금씩 올려 거두면 고을 전체로는 수백 석을 추가로 바치게 됩니다. 그것을 아전들이 꿀꺽하는 거죠.

수령은 아전들이 쇄렴을 올려 받지 못하도록 단속해야 할 뿐만 아니라, 은결에도 빠짐없이 쇄렴을 부과해야 한다고 정약용은 말합니다. 세금을 걷는 결만이 아니라 아전들이 숨겨 놓은 은결에까지 12석을 고루 배분하면 1결당 5홉보다 줄어들 것이고, 세금이 줄어들수록 백성들 부담이 적어질 테니까요. 물론 아전들의 부담은 다소 늘어나겠지만요.

이제 석렴 차례입니다. 가승미, 곡상미, 경창역가미, 하선입창가미를 합하면 창고에 들어가는 쌀 1석당 1두 2승 7홉 5작을 세금으로 바치면 되었죠. 1두 2승 7홉 5작은 좀 복잡하니, '두' 단위로 통일해서 1.275두라고 합시다. 간단히 말하면 세금으로 쌀 1석(15두)을 낼 때마다 추가 세금으로 1.275두를 납부해야 한다는 것이지요. 계산해 보면, 창고에 들어갈 예정인 쌀 양의 8.5%를 추가로 준비해야 합니다. 가령 창고에 들어갈 쌀이 1,000석이라면, 석렴으로는 이 1,000석의 8.5%에 해당하는 양(85석)을 더 거두면 됩니다. 창고에 들어갈 때 이 85석은 앞서 언급한 비용(가승미, 곡상미, 경창역가미, 하선입창가미)으로 빼놓고 1,000석이 고스란히 창고에 들어가는 거죠.

그런데 아전들은 창고에 들어갈 쌀의 양을 부풀려 이득을 취합니다. 이를테면 1,000석이 아니라 3,000석을 바쳐야 한다고 고해, 이 3,000석을 기준으로 8.5%를 추가로 걷는 것이죠. 그러고는 창고에 납부할 진짜 비용을 제외한 나머지를 챙기는 겁니다.

수령은 계판에서 이를 면밀히 살펴야 합니다. 만약 수령이 눈이 밝아 1,000석에만 석렴을 부과했다고 합시다. 1석마다 1.275두를 추가로 거두는 것이니 1,000석이면 1,275두가 나옵니다. 이를 결 수로 나누면 1결당 얼마를 더 내야 하는지 알 수 있죠. 이 경우에도 앞서 본 쇄렴의 예처럼, 아전들이 숨겨 놓은 은결까지 포함해 세금을 나누면 백성들의 부담을 줄일 수 있습니다.

선급: 세금 운송비

선가미船價米 3두 5승/석
: 배로 쌀 1석을 운송하는 비용

부가미浮價米 1두/석
: 선원들의 품삯

가급미加給米 8승/석
: 부가미에 추가된 선원들의 품삯

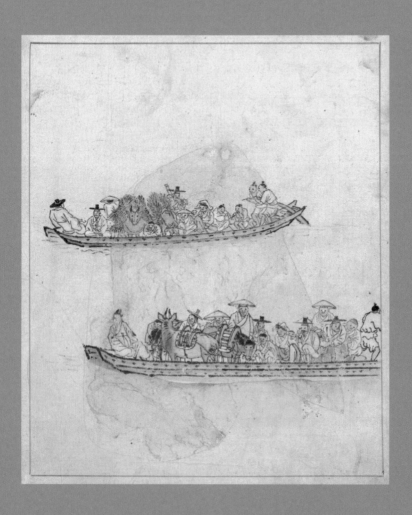

각 고을에서 거둔 세금을 서울까지 운송하는 데에도 많은 비용이 들었습니다.

인정미人情米 2승/석
: 쌀을 검사하기 위해 창고에 파견 나온 관리들의 수고비

이제 선급입니다. 보다시피 뱃삯은 1석당 비용을 계산하는 석렴이기 때문에, 창고에 들어가는 쌀의 석 수를 곱한 만큼 걷습니다. 위에 나열한 선가미, 부가미, 가급미, 인정미를 전부 더하면 5두 5승인데, 1석이 15두이니 계산해 보면 창고로 들어가는 쌀의 무려 37%에 해당하는 양이 운송비로 들어갑니다. 물론 이는 전라남도 강진 기준이고, 뱃삯은 지역이나 상황에 따라 차이가 납니다.

문제는 아전들이 자신들의 은결에서 거둔 쌀도 뱃삯 계산에 슬그머니 넣는다는 점입니다. 은결에서 거둔 쌀은 배에 싣기는 커녕 자기들 창고로 삼켜 버리면서 말이지요. 그렇게 뱃삯을 걸어 남은 액수를 챙기는 건데, 당연히 이런 농간이 일어나지 못하도록 막아야 합니다. 앞서와 마찬가지로, 선급 역시 결 수로 나눠 배분하되 응당 아전의 은결을 포함시켜야 합니다.

사실 부가미와 가급미는 법규에도 없는 항목인데 뱃사람들의 압력 때문에 추가된 것이라고 정약용은 말합니다. 이렇게 뱃사

람들의 위세가 등등해진 계기는 정조 13년에 설치된 주교사舟橋司입니다.

주교사는 원래 정조가 1년에 한 번 아버지 사도세자의 무덤인 현륭원을 참배할 때 참배 행렬이 한강을 건널 수 있도록 부교浮橋(배다리)를 설치하는 업무를 전담한 기관이었습니다. 그런데 업무가 점차 확장되어 선박과 교량에 관한 업무는 물론이고 호남 및 호서 지방의 세금 운송에 관한 업무까지 맡게 되어 부

정조가 사도세자의 무덤이 있는 현륭원으로 행차하는 장면을 그린 화첩식 의궤도인 〈화성원행의궤도〉 중 한 장입니다. 한강을 건널 때는 그림과 같이 배다리를 이용했지요.

당한 이득을 챙기는 일이 잦아졌습니다. 이를테면 배에 싣기 전에 쌀 수량을 파악해야 하는데 이때 사용하는 말의 크기를 슬쩍 키운다든지, 말에 쌀을 고봉밥처럼 수북하게 부어 넣는 식으로 말이지요. 왕명으로 설치된 기관의 위세를 등에 업은 뱃사람들의 횡포를 한때의 나그네 같은 수령이 바로잡기는 어렵다고, 정약용은 솔직하게 토로합니다.

읍징: 고을 관청에서 사용하는 세금

①결렴

치계시탄가미雉鷄柴炭價米 4두/결

부족미不足米 몇 승/결

치계색락미雉鷄色落米 1승 6홉/결

치계시탄가미는 꿩雉, 닭鷄, 땔나무柴, 숯炭 등으로, 쉽게 말해 수령에게 바치기 위해 거두는 세금입니다. 부족미는 치계시탄가미만으로 부족한 것을 추가로 거두는 것이고요. 치계색락미는 치계시탄가미를 거둘 때 품질^色 검사를 위해 빼낸 분량과 말질 (말로 곡물을 되어서 수량을 헤아리는 행위)을 할 때 땅에 떨어진^落 분량을 보충하기 위해 거두는 세금입니다. 결마다 거두는 결렴 항목입니다.

②석렴

간색미^{看色米} 1승/석
: 세곡의 품질을 알아보기 위해 견본으로 빼낸 쌀의 보충분

낙정미^{落庭米} 4승/석
: 세곡을 말질할 때 땅에 떨어진 쌀의 보충분

타석미^{打石米} 1승/석
: 세곡(조세로 바치는 곡식)을 거두어 석 단위로 포장할 때 축난 쌀의 보충분

③쇄렴

전세기선감리양미^{田稅騎船監吏糧米} 20석
: 전세를 운송할 때 배에 같이 타도록 규정되어 있는 아전에게 지급하는 보수

전라도 수령들의 명단입니다. 이름부터 수령에 임명된 날, 부임한 날, 품관 등이
적혀 있습니다. 『목민심서』는 수령들을 위한 책인 만큼 아전들의 농간이 많은
부분을 차지하고 있지만, 치계시탄가미 같은 세금 항목을 보면 수령들도 많은
비리를 저질렀음을 알 수 있습니다.

대동기선감리양미 大同騎船監吏糧米 20석

: 대동미를 운송할 때 배에 같이 타도록 규정되어 있는 아전에게 지급하는 보수

경주인역가미 京主人役價米 60석

: 경주인에게 지급하는 보수

영주인역가미 營主人役價米 90석

: 영주인에게 지급하는 보수

병영주인역가미 兵營主人役價米 14석

: 병영주인에게 지급하는 보수

진상첨가미進上添價米 90석

: 관찰사가 왕에게 진상품을 상납하거나, 관찰사와 그 가족의 생활비로 쓰이는 비용

우첨가미又添加米 200석

: 진상첨가미의 부족분을 보충하는 비용

호방청전관미戶房廳傳關米 132석

: 지방 관청의 호방(지방 관아에서 세금에 관한 일을 맡아보던 부서)에 소속되어 문서 전달 업무를 맡은 일꾼의 보수

쇄렴은 항목이 줄줄이 많지요. 이 모든 항목의 액수를 더한 후 고을의 전체 결 수로 나눠 1결마다 세금을 부과하는 것이 쇄렴이었죠. 이 중 경주인역가미, 영주인역가미는 중요하니 뒤에서 좀 더 자세히 다루겠습니다.

우선 읍징에서 결렴 부분을 보면 수령의 보수로 책정된 것임을 알 수 있습니다. 치계시탄가미는 풍년이냐 흉년이냐에 상관없이 일정하게(결당 4두) 책정되었는데요. 흉년이 들면 재감災減(제해를 입은 땅에 세금을 면제해 주는 것)이 생겨 세금을 걷는 결수가 줄어드니, 원래대로라면 치계시탄가미도 줄어들었을 것입니다. 예컨대 세금 걷는 농지가 4,000결인 고을이 있다고 합시

다. 평년에는 치계시탄가미를 1결당 4두씩 거두니 1만 6,000두가 됩니다. 그런데 올해 재해가 심해 1,000결 재감을 할당받았습니다. 그럼 3,000결에 대해서만 세금을 걷게 되니, 1만 2,000두가 수령에게 지급되는 것이지요. 그런데 이를 평년대로 1만 6,000두로 유지하기 위해 추가로 더 걷는 관행이 있다고 정약용은 비판합니다. 임금이 있는 중앙정부로 가는 세금도 줄이는 판에 수령 몫을 유지하기 위해 세금을 더 걷는다니, 어떻게 그럴 수 있느냐며 중한 벌을 받더라도 할 말이 없는 처사라고 말이지요.

한편 정약용은 읍징 중 석렴에 해당하는 간색미, 낙정미, 타석미는 계판에 조목조목 적지 말 것을 조언합니다. 중앙정부에 바치는 것이야 꼼꼼히 적을 필요가 있지만, 읍징은 지방 관청의 재정에 관한 것이니 수령이 재량껏 운용할 여지가 있고 또 백성들 부담을 덜기 위해 유연하게 처리하자는 것이죠. 만약 계판에 일일이 적는다면 결국 석 수가 눈덩이처럼 불어나 부담이 커질 테니까요.

읍징 항목에서 유독 눈에 띄는 것은, 정약용이 '경주인'과 '영주인'을 콕 집어 나라의 큰 폐단이라고 매섭게 비판한다는 점입니다. '역가미'는 임무를 수행한 보수라는 의미인데요. 그렇다면 경주인과 영주인은 어떤 업무를 맡은 이들일까요?

경주인京主人은 수령의 임명을 받아 서울에 파견된 관리입니다. 서울 경京 자가 눈에 들어오지요? 이를테면 수령이 강진에서 서울로 관리를 파견합니다. 이들은 서울에 머물며 강진 관아와 관련된 제반 업무를 담당했습니다. 서울로 올라오는 지방민이나 관리에게 숙식을 제공하기도 하고, 서울로 운송된 세금을 관리하기도 하고, 강진 관아와 서울 관공서 사이의 연락을 담당했지요.

원래 경주인은 아전들 사이에서 인기 없는 자리였다고 합니다. 너도나도 서울에 가고 싶어하는 오늘날과는 사뭇 다른 풍경이지만, 생각해 보면 그럴 만합니다. 고향을 떠나 아는 사람 하나 없는 타지로 덜컥 파견되는데, 오늘날과 달리 몇 시간 만에 갈 수도 없었잖아요?

그런데 조선 후기에 이르러서는 상황이 달라집니다. 대동법 시행과 더불어, 조선 후기에 세금을 방납하는 관행이 생기면서 중간에서 이득을 챙길 수 있는 여지가 커진 것이죠. 이런 풍조 속에 경주인은 지방 관아와 서울을 오가는 다양한 물자와 세금을 독점적으로 관리하고 처리하는 과정에서 큰 이익을 챙길 수 있는 자리가 됩니다. 자연히 경주인 자리의 인기가 급상승했습니다. 치솟은 인기가 어느 정도였냐면, 경주인 자리를 얻기 위해 수천 냥의 자릿값을 내야 할 정도였다고 합니다. 하지만 이들의 행태는 사실상 고리대금업자나 악덕 상인이나 다름없었습니다. 조정의 힘 있는 대신들이 경주인 자리를 사 자신의 하인에게 맡기고는 뒤로 이득을 챙기는 일도 잦았다고 합니다.

영주인營主人은 수령의 임명을 받고 감영監營이나 병영兵營에 파견된 관리를 말합니다. 감영은 관찰사가 직무를 보던 관청이고, 병영은 병마절도사(각 지방의 병마를 지휘하던 무관)가 주둔하던 군영입니다. 영주인은 감영이나 병영에 머물며 출신 고을과 연락을 주고받는 것에서부터 갖가지 행정 실무를 맡았으며, 관찰사에게 수령에 대한 정보를 제공하기도 했습니다. 경주인처럼 영주인도 감영/병영과 고을 사이에 오가는 다양한 물자를 독점적으로 관리하고 처리하며 큰 이익을 챙겼습니다. 이뿐만 아니라 고을 수령의 인사 평가에 영향을 끼치기도 했지요.

관찰사의 중요한 업무 중 하나는 수령들의 업무 능력을 평가해 조정에 보고하는 일이었습니다. 그런데 모든 고을을 일일이 방문해 수령의 면면을 평가할 수는 없는 노릇이지요. 이때 감영에 파견된 영주인이 자기 고을 수령에 대해 안 좋게 말한다면 아무래도 관찰사가 그 수령에 대해 좋은 인상을 가지기는 어려울 겁니다. 영주인에게 잘못 보인 수령은 자리를 보전하기 어려울 정도였다고 하니, 경제적 이득뿐만 아니라 정치적 영향력이 대단하지요. 하여 자릿값이 1만 냥에 이르러도 서로 하려고 달려들었다고 합니다. 그 말인즉슨, 자릿값보다 훨씬 큰 이득을 볼 수 있는 자리였다는 뜻입니다.

과연 그런 이득은 어디에서 오는 걸까요? 바로 백성들에 대한 수탈이었습니다. 자릿값이 오를수록 그 이상을 뽑아 먹으니 백성들은 고달파지기만 합니다. 이런 행태를 적발하고 처벌해야 할 수령이나 관찰사는 뇌물을 받곤 입을 다뭅니다.

만약 적당히 넘어가지 않는 강직한 수령이 부임한다 해도 문제는 쉬이 해결되지 않습니다. 영주인들이 작당해 관찰사에게 험담을 늘어놓으니까요. 그러면 강직한 수령은 업무 평가에서 최하점을 받고 쫓겨나게 되지요. 수령들은 관찰사보다도 영주인을 더 두려워할 정도입니다. 위세가 이렇게 대단하니, 경주인과 영주인에게 지급되는 보수 즉 경주인역가미와 영주인역가미도 계속 오르고요. 문제는 폐단이 이러해도 수령이 어찌할 도리가

"어리석은 자는 배우지 못하고 무식해서 산뜻한 옷에 좋은 갓을 쓰고 좋은 안장에 날랜 말을 타는 것으로 위풍을 떨치려고 한다. 그런데 노회한 아전들은 신임 수령의 인품이 어떠한가를 그의 의복과, 안장을 얹은 말의 차림새로 알아본다. 만약 사치스럽고 화려하면 씽긋 웃으며 '알 만하다' 하고, 만약 검소하고 질박하면 놀라며 '두렵다'고 한다."

정약용이 『목민심서』에 수령이 부임할 때 꾸린 짐에 대해 쓴 말입니다.

없다는 것입니다. 정약용은 그저 더 악화시키지는 말아야 할 것이라고 자조적인 한탄을 내뱉지요.

어쨌든 계판이 다 작성되면 책자로 만들어 각 마을에 배포합니다. 백성들이 볼 수 있도록요. 그동안은 이런 행정 정보를 아전들만 돌려 봤으나 정약용은 이러한 정보를 누구나 볼 수 있게 해야 한다고 말합니다. 자신이 납부할 세금이 어떻게 책정되었는지, 어디에 어떻게 쓰이는지는 알아야 하지 않겠느냐며, 백성들에게 그런 기본적인 것도 알려 주지 않고 세금만 걷어 가면 그것이 어찌 도리이겠느냐고요.

사실 백성들이 진 부담은 계판에 적힌 항목이 전부가 아니었습니다. 계판에는 없지만 이런저런 명목으로 거둔 세금도 많았지요. 정약용이 『목민심서』에 적어 놓은 것들을 살펴볼까요.

영납營納: 감영과 병영에 납부하는 세금

규장각책지가奎章閣冊紙價 **3푼/결렴**
: 규장각의 종이 비용

관납官納: 수령에게 납부하는 세금

신관쇄마가新官刷馬價 300여 냥/쇄렴
: 새로 부임하는 수령을 맞이하는 데 사용하는 말의 비용

구관쇄마가舊官刷馬價 600여 냥/쇄렴
: 임기를 마친 수령을 보내는 데 사용하는 말의 비용

신관아수리잡비전新官衙修理雜費錢 100여 냥/쇄렴
: 신임 수령을 맞을 때 관아를 수리하는 비용

이징吏徵: 아전에게 납부하는 세금

서원고급조書員考給租 4두(찧지 않은 쌀)/결렴
: 서원(하급 관리)에게 공정한 업무 처리를 위해 지급하는 비용

방주인근수조坊主人勤受租 2두(찧지 않은 쌀)/결렴
: 면주인(면에 파견된 심부름꾼)에 대한 보수

덧붙여, 찧지 않아 겨(껍질)가 그대로 있는 쌀은 조租라 하고, 겨를 제거한 쌀은 미米라 했습니다. 미가 조보다 두세 배 비쌌습

니다.

그 외의 세금

민고전民庫錢 30~40두(찧지 않은 쌀)/결렴
: 지방 관청에서 부족한 운영비를 충당하기 위해 임의로 설치한 민고民庫의 재정

표선전漂船錢 30~60푼/결렴
: 외국 선박이 표착하는 경우 조사, 접대, 귀환에 드는 비용

환자還上 30~45두(찧지 않은 쌀)/결렴
: 흉년이나 춘궁기에 곡식을 빈민에게 빌려주고 추수기에 이를 환수하는 제도

신임 관리의 행차를 담은 행렬도입니다. 기수에서부터 병졸, 악대, 집사, 아전, 노비, 악사, 기생 등에 이르는 성대한 행렬입니다(아래 그림은 일부일 뿐, 원래 그림은 훨씬 더 깁니다). 이런 행차에 드는 비용은 어마어마했을 겁니다.

이 중 민고전이나 환자는 결당 30~40두에 달해 백성들에게 큰 부담이 되었는데요. 이에 대해서는 뒤에서 자세히 다룰 겁니다. '환곡'이라고도 불렸던 환자는 흉년이나 춘궁기에 곡식을 빌려주었다가 추수철이 지난 뒤에 환수하는 좋은 취지의 제도였습니다. 사실 세금도 아니지요. 사람들이 꼬박꼬박 내는 국민연금이 세금이 아닌 것처럼 말이에요. 하지만 현실에서는 결당 30~45두를 내고서는 사실상 한 톨의 곡식도 받지 못하는 웃지 못할 상황이 벌어졌습니다. 국민연금을 꼬박꼬박 냈는데 나중에 나이 들고 은퇴하니 한 푼도 받지 못하게 된 것이나 다름없습니다.

이렇게 계판에 정식으로 올리지 않고 관행적으로 거두는 세

금 또한 백성들에게 큰 부담이 되니, 정약용은 다음과 같은 한탄을 쏟아 냅니다.

"이러고도 백성이 견딜 수 있겠는가. 논 1결에서 수확하는 곡식이 많으면 800두요, 적으면 600두, 더 적으면 400두 정도다. 농부들은 제 땅이 없고, 모두 남의 땅을 빌려 경작하니 추수 때면 땅 주인이 수확량의 절반을 가져간다. 600두를 추수한 농부가 제 몫으로 가져가는 건 300두뿐이다. 이렇게 1년 내내 고생했는데도 여덟 식구 식량을 해결하고, 농사를 도와준 이웃에게 사례를 하고, 내년에 쓸 종자를 챙겨 놓고, 이런저런 빚을 갚고, 이듬해 정월이 되어 세금을 납부할 때가 오면 가진 게 쌀 100두도 되지 않는다. 그런데 세금으로 싹싹 긁어 가고 빼앗아 가는 것이 이처럼 극에 달했다. 슬프다. 이 백성들이 어찌 살아가겠는가."

수령은 자신의 권한 안에서 백성들의 부담을 가능한 한 덜어 주기 위해 노력해야 합니다. 앞서 국납, 선급, 읍징에서 여러 번 언급했듯이 정약용은 아전들의 은결을 포함시켜 셈해야 세금 부담을 조금이라도 줄여 줄 수 있음을 강조합니다.

표재 ⇨ 작부 ⇨ 계판 작성 ⇨ **세금 징수** ⇨ **배를 이용해 서울로 운송**

세금을 거두는 마지막 단계입니다. 정월(음력)이 되면 고을의 세금 창고를 열고 백성들로부터 세금을 거둡니다. 이때 수령이 직접 나서지 않으면 질서가 어지럽고 절제가 없어 민심이 해이 해지고 세금을 내러 오는 이들도 태만해지기 쉽습니다. 가능한 한 직접 나가 백성들을 독려해야 합니다. 창고를 여는 날이면 수령은 백성들에게 다음과 같이 말합니다.

"서울로 올려 보내는 세곡은 결손이 생기지 않도록 유념해 야 한다. 뱃사람들 욕심은 끝이 없으니, 만약 이들의 심기를 크게 거스르면 반드시 우리 고을에 해를 끼치려 들 것이다. 백성을 이롭게 하려다 도리어 백성을 괴롭게 만드는 일이 허다하다. 말질은 원래 평평하게 깎는 것이 원칙이지만, 이 러한 상황을 고려해 너무 원칙대로만 할 수는 없는 노릇이 니 너희도 이 점을 이해해 주기를 바란다."

정약용은 말질과 관련된 흥미로운 일화도 하나 소개합니다.

"옛날 영암군에 한 향승(수령의 보좌관)이 있었는데, 청렴하고 신중하며 고집이 있어서 말질을 평평하게 깎아 세금을 거두었다. 이에 뱃사공이 크게 원망하여 향승에게 배를 함께 타고 가기를 청했다(자기들이 속이는지 아닌지 함께 가서 확인하자는 얘기입니다). 향승이 '말질을 평평하게 한 것이 불만이라는 말인데, 그것들은 정확히 배에 실려 있는가?' 하고 물었다. 사공이 그렇다고 대답했다. 향승이 '너희 배에 실은 곡식을 모두 육지에 내려놓고 다시 세어 보자. 배 안에 실린 쌀이 본래 받은 때와 똑같다면 내가 배를 타고 가겠다.'라고 하자 사공은 벌써 기가 죽었다. 향승이 배에 실린 쌀 한 석을 끌어내 다시 말질해 보니 두 말이 줄어 있었다. 향승이 '이미 두 말을 훔치고도 무엇을 더 구하는가?'라고 물었으나 뱃사공은 대답하지 못했다."

뱃사공들은 으레 쌀을 받아 섬에 넣고 배에 싣는 과정에서 두 말을 빼돌리는데, 이 사실을 안 향승이 지혜롭게 대처한 것입니다. 억울하다고 호소하는 뱃사공이 있으면 이렇게 배에 실은 쌀을 꺼내 점검해 볼 필요가 있습니다. 참고로 '섬'은 앞서 말했듯 '석'과 같은 단위인 동시에 곡식 따위를 담기 위해 짚을 엮어 만든 자루를 가리킵니다. 섬에 넣는다는 건 일종의 포장 작업인 것이죠.

더불어 정월에 세금 창고를 열 때에는 공지문을 붙여 잡류雜流를 엄금해야 합니다. 잡류란 남사당패, 성매매 종사자, 좌판을 벌이고 술을 파는 자, 광대, 악사, 노름판 벌이는 자 등을 말합니다. 이런 잡류가 모이면 창고지기와 뱃사람이 빠져들게 되는데, 그들이 흥청망청 소비하다 자신이 손해 본 것을 메우기 위해 농간을 부릴 가능성을 미연에 방지하기 위함입니다.

한편, 세금 납부 마감일이 다가오면 민가를 수색해 긁어내는 일을 검독檢督이라 합니다. 백성을 보살펴야 할 수령이 어떻게 이런 짓을 할 수 있겠습니까. 부유한 집에 부과되는 세금만 잘 걷어도 세액은 저절로 차기 마련입니다. 설령 빠뜨린 경우가 있더라도 부드럽고 인자한 말로 잘 타이르면 기한 안에 세금을 내지 않는 이는 거의 없을 것입니다. 그런데도 아전은 세금 납부를 독촉한답시고 건달과 부랑자들을 거느리고 마을을 돌아다니며 아무 집에나 들어가 닭과 개를 잡아먹고 행인들의 짐까지 약탈합니다. 백성들이 겁을 먹어 뇌물을 주면 풀어 주고, 뇌물을 주지 않으면 관가에 잡아가 세금을 곱절로 물게 할 뿐만 아니라 이런저런 부대 비용까지 받아 냅니다. 열 집에 아홉 집이 비는 사태는 모두 이런 짓 때문입니다. 절대로 해서는 안 되는 일이지요.

혁명보다 개혁이 어렵다는 말이 있습니다. 혁명이 사회의 체제 자체를 바꾸는 일이라면, 개혁은 기존 체제 내에서 문제를 해결하고 개선하는 것입니다. 문제투성이 토지 제도, 대토지를 보유한 양반 세력이 그대로인 상황에서 수령 혼자 백성들을 위한 정치를 펼치겠다는 건 분명 쉽지 않은 일입니다.

그런 맥락에서 2조 세법에서 특히 인상적인 부분은, 재해 장부를 작성할 때 백성들에게 관련 행정 정보를 공개하고 아래로부터의 의견을 수렴해서 결정하는 과정이었습니다. 21세기 국가의 풀뿌리 민주주의를 연상케 하는 측면이 있지요. 아래로부터의 행정 참여와 수령의 강력한 추진력으로 아전들의 농간이 사전에 봉쇄되는 과정을 읽다 보면 뭔가 짜릿함을 느끼게 됩니다.

3조 곡부

백성을 구제할 수단이
폐단이 되어 버렸으니

Yo, Listen-

조선 시대의 환곡은 국가가 백성들에게 식량을 빌려주고, 추수 후 이를 상환하게 한 제도입니다. 식량이 부족해 굶주린 백성들을 구제하고 농업 생산력을 유지하려는 의도로 도입된 일종의 복지 제도입니다. 원래는 무이자로 빌려주었는데요. 관청의 환곡 창고에 쌀을 보관하다 보면 아무래도 쥐가 파먹거나 썩어서 축나는 양이 있으니, 나중에는 그것을 보충하기 위해 10% 이자를 받았습니다. 축난 환곡을 보충하는 데 사용하고 남은 이자는 부족한 국가 재정에 보탰죠. 취지대로만 운영됐다면 백성들에게 제법 도움이 되는 제도였을 겁니다.

하지만 시간이 지나면서 환곡 제도는 본래의 취지와 달리 변질되었습니다. 환곡 이자가 국가 재정으로 사용되기 시작하자, 중앙 정부와 지방 정부 모두 이자에 의존하는 정도가 점점 커졌습니다.

환곡 이자가 일종의 세금처럼 기능하게 된 것이죠. 부패한 관리들이 이 기회를 놓칠 리가 없지요. 사익을 추구하기 위해 갖은 농간을 부리니 환곡은 백성들에게 큰 부담이 되었고, 기근을 구제하기는커녕 오히려 백성들을 더욱 궁핍하게 만들었습니다. 결국, 조선 후기에 이르러 사회적 불안을 증폭시키며 농민들이 봉기를 일으키는 한 원인이 되었습니다.

정약용은 3조에서 환곡이 어떻게 백성의 고혈을 빨아먹는 최악의 제도로 전락했는지 구체적인 양상을 낱낱이 드러내고, 백성을 다스리는 수령으로서 그 폐단을 막기 위해 취해야 할 조치를 제시합니다.

조선 시대는 오늘날보다 농업 생산력이 낮았습니다. 가뭄, 홍수, 병충해 등이 일어 농사를 망치면 당장 먹을 식량조차 부족한 일이 잦았죠. '보릿고개'라는 말을 들어 보았나요? 햇보리가 나올 때까지의 넘기 힘든 고개라는 뜻으로, 식량 사정이 어려운 시기를 비유적으로 이르는 말입니다. 지난해에 수확한 곡식은 떨어졌고, 가을 추수는 아직 멀었으며, 그나마 이른 여름에 수확하는 보리가 익기만을 기다리는 시기죠. 대부분이 소작농이었던 농민들은 가을에 쌀을 추수해도 지주에게 소작료로 절반을 떼주고, 빚 갚고, 세금 내고 나면 남는 게 얼마 없었습니다. 그 적

백성을 구제할 수단이
폐단이 되어 버렸으니

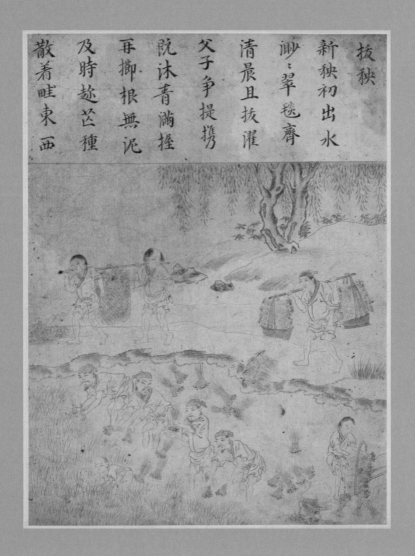

拔秧

新秧初出水

渺渺翠毹齊

清晨且拔擢

父子爭提攜

盥沐青滿握

再擲根無泥

及時趁芒種

散着畦束西

조선 후기에는 모내기(이앙법)가 널리 보급되어 농업 생산량이 종전에 비해 크게 증가했습니다.

은 양으로 끼니를 해결하다 보면 봄쯤에는 바닥나게 마련이었고, 이를 대비해 보리를 심곤 했지요. 그런데 쌀농사를 망친 해에는 보리가 채 여물기도 전에 쌀이 다 떨어져 입에 풀칠하기도 어려웠습니다.

3조 제목은 곡부穀簿입니다. 한자를 풀면 '환곡 장부'를 뜻하는데요. 환곡은 바로 이런 때, 즉 봄에 일시적으로 식량이 부족할 때 농민에게 쌀을 빌려주었다가 추수 때 돌려받는 일종의 사회복지 제도입니다. 원래는 무이자로 빌려주었는데요. 관청의 환곡 창고에 쌀을 보관하다 보면 쥐가 파먹거나 썩어서 축나는 양이 있으니, 나중에는 그것을 보충하기 위해 10% 이자를 받았습니다. 축난 환곡을 메꾸는 데 사용하고 남은 이자는 부족한 국가 재정에 보탰죠. 취지대로만 운영됐다면 백성들에게 도움이 되는 제도였을 텐데, 조선 후기에는 이 환곡이 농민들에게 세금보다 더 가혹한 부담을 지우는 골칫덩어리가 되었습니다. 하지만 당시 환곡 제도에 문제가 있다고 생각한 지식인들조차 그 실태는 제대로 모른다고 정약용은 한탄합니다.

"오늘날 환곡의 폐단을 논하는 사대부들은 현실을 모른다.

백성을 구제할 수단이
폐단이 되어 버렸으니

그저 백성들이 봄에 빌릴 때는 거친 양곡으로 조금 받고 가을에 갚을 때는 좋은 양곡으로 많이 내야 해서 억울하다고 생각한다. 그리고 아전이 밤에 몰래 창고 문을 열고 양곡을 직접 짊어지고 자기 집에 가져가는 정도로 인식할 뿐이다. 그러다 보니 미행한답시고 창고를 감시하는 수령들이 많다. 아! 이 얼마나 실상과 거리가 먼가. 본디 한 톨의 양곡도 백성들에게 나눠 준 적이 없는데 해마다 한 호당 10석씩을 거저 바치는 것이 현실이다. 슬프다! 백성들이 잠깐이나마 목숨을 부지하고자 한들 가능하겠는가."

앞서 말했듯이 환곡 이자가 국가 재정으로 사용되기 시작하자 중앙정부와 지방 정부 모두 이자에 재정을 의존하는 정도가 점점 커졌습니다. 이 이자가 일종의 세금처럼 기능하게 된 것이죠. 세금을 거둘 때도 부정부패를 저질렀던 이들이 이 기회를 놓칠 리 없습니다. 사익을 추구하기 위해 농간을 부리니 그 폐단은 갈수록 심해지기만 했습니다. 정약용은 지위가 높은 관찰사에서 수령, 아전까지 내려가며 그들이 환곡으로 저지르는 부정행위의 양상을 조목조목 짚어 내는데요. 그중 몇 가지를 소개해 보겠습니다.

먼저 관찰사입니다. 관찰사는 이무移貿를 통해 사익을 추구하는데, 이무는 옮길 이移에 무역할 무貿 자를 합친 것입니다. 무슨 뜻일까요? 자, 관찰사가 고을 수령들에게 매달 물가를 보고하라고 지시합니다. 고을마다 물가가 정확히 같지는 않을 겁니다. 어떤 고을은 쌀값이 쌀 수도 있겠고, 어떤 고을은 비쌀 수도 있겠죠. 이렇게 고을마다 쌀값이 다른 상황을 활용해 차익을 실현하는 행위를 '이무'라 합니다.

가령 A 고을은 벼 1석이 100만 원인데 B 고을은 200만 원입니다. 관찰사는 자신의 권력을 이용해 B 고을의 벼 100석을 시장에 내놓게 합니다. 1석에 200만 원이니 전부 내다 팔면 2억 원이 생기지요. 그런 다음 이 돈의 절반인 1억 원으로 A 고을에서 벼 100석을 구입해 B 고을 창고에 채워 넣습니다. 벼는 그대로인데 차액 1억 원이 생긴 셈이죠. 이것을 관찰사가 제 호주머니에 집어넣는 겁니다. 정약용은 말합니다.

"관찰사의 녹봉이 본래 박하지 않은데도 장사꾼 노릇을 하여 백성의 기름을 짜내고 나라의 명맥을 상하게 만드니다른 일이야 말할 것이 있겠는가? 한 해에 100만 냥이나 1,000만 냥의 돈을 축재하면서도 만족할 줄을 모르고, 쌀을 파는 고을에서는 값을 올려 돈을 걷고, 쌀을 사는 고을에서는 값을 낮춰 돈을 푸니 백성의 피해가 어찌 이에 그치겠는가?"

한편, 쌀값을 보고하는 수령은 관찰사의 비위를 맞추려 듭니다. 관찰사가 자신을 평가하는 위치에 있으니 알아서 기는 것이죠. 어떤 식이냐 하면, 관찰사가 곡식을 사고팔아 돈을 마련하려는 고을에서 수령이 눈치껏 가격을 조정해 보고하는 겁니다. 앞서 B 고을에서 벼 1석에 200만 원이라는 예를 들었는데, 눈치를 본 B 고을 수령이 1석에 220만 원이라고 보고하는 것이죠. 반면 A 고을은 벼 1석에 100만 원인데, 마찬가지로 눈치를 본 A 고을 수령이 1석에 80만 원이라고 보고합니다. 그리고 관찰사가 실제로 쌀을 사고팔 때 수령들이 자진해서 그 가격에 맞춰 주지요.

재테크는 원래 그런 식으로 하는 것 아니냐고, 쌀만 제대로 채워 놓으면 되는 것 아니냐고 대수롭지 않게 생각하는 사람이 있을지도 모르겠습니다. 하지만 관찰사는 개인이 아니라 공적인 업무를 수행하는 자입니다. 만약 대통령이나 장관이 국가 재정 일부를 사적으로 가져다가 주식이나 코인 투자를 한 후에 차액을 챙기고 나서 원금을 고스란히 채워 넣으면 문제가 없는 걸까요? 그렇지 않죠. 사적으로 전용한 것 자체가 범죄입니다. 개인의 재산 축적을 위해 공적 기금을 마음대로 갖다 쓰는 것은 공직자로서 있을 수 없는 일입니다.

이렇게 윗물이 흐리면 아랫물이 맑을 리 없습니다. 관찰사가 크게 도둑질하니 수령들도 자신들의 체급에 맞는 도둑질에 나섭니다. 정약용은 수령의 농간질을 여섯 가지로 구분해서 설명하는데요. 그중 몇 가지를 간략하게 다뤄 보겠습니다.

우선 '가분加分'부터 살펴보죠. 더할 가加, 나눌 분分인데요. 뭘 더 나눠 준다는 걸까요? 앞서 곡식을 빌려주었다가 나중에 받을 때 추가로 이자 10%를 받는다고 이야기했지요. 이때 농간을 부리는 사람 입장에서는 받는 이자가 많아질수록 좋을 겁니다. 챙길 수 있는 돈의 액수가 더 커지니까요. 그렇다면 질문. 이자를 더 많이 걷으려면 어떻게 해야 할까요? 곡식을 더 많이 빌려줘야겠지요. 1,000석을 빌려주면 이자가 100석이지만 2,000석을 빌려주면 이자가 200석이 되니까요. 요컨대 '가분'은 환곡을 더 많이 나눠 줌으로써 불어난 이자를 도둑질하는 행위를 말합니다.

그런데 본래 법에는 환곡 창고에 저장해 둔 쌀 중 절반 정도만 빌려주고 절반은 남겨 두라고 명시되어 있었습니다. 유사시에는 환곡이 군량미로 쓰였기 때문입니다. 하지만 수령들은 장부에 쌀이 남아 있는 것처럼 꾸며 놓고서는 사실상 거의 다 빌려주기 일쑤였죠. 어차피 환곡은 나중에 반환될 테니, 그때 창고를 채워 두면 된다고 생각한 겁니다. 그렇게 법이 정해 놓은 선을 무시하면서까지 추가로 얻은 이자를 착복해 이득을 취했습니다.

두 번째는 '번질反作'입니다(反作은 이두 표기이며 '번질'로 읽습니다). 환곡이 국가 재정을 충당하는 용도로 활용됨에 따라 백성들에게 환곡을 강제 할당하는 상황이 벌어집니다. 딱히 사정이 어렵지 않아 곡식을 빌릴 필요가 없는데도 관아에서 무조건 빌려야 한다고 떠미는 겁니다. 이자를 받아야 재정을 충당할 수 있으니까요. 상황이 이러하니 환곡 제도를 운영한답시고 봄에 쌀을 빌려주었다가 추수 후에 돌려받는 것 자체가 일종의 요식 행위가 되어 버립니다. 곡식을 나눠 주거나 돌려받는 번거로운 절차를 행하느니 차라리 이자만 세금처럼 내는 게 편한 거죠. 어차피 환곡의 진짜 목적은 백성 구제가 아닌 이자 수입이 되어 버린 상황이니까요. 그렇게 해서 수령은 곡식을 빌려주었다가 받은 것처럼 장부에 허위로 기록하고서 실제로는 이자만 받아 챙깁니다. 한편 창고에 있는 쌀은 그대로 방치됩니다. 환곡 제도를 정상적으로 운영하면 창고에서 묵은쌀이 나가고 햅쌀이 들어올 텐데, 그런 일이 일어나지 않으니까요. 결국 창고에 있던 묵은쌀은 썩어 버리고 군량미로 비축하던 의미도 없어집니다.

세 번째는 '입본立本'입니다. 세울 입立에 근본 본本을 썼는데요, 본전을 채워 넣는다는 뜻입니다. 앞서 말했다시피 공적 재물을 관찰사나 수령이 임의로 활용해서 차익을 실현하는 행위는 원칙적으로 금지되어 있었습니다. 어기면 처벌을 받도록 규정되어 있었지요. 하지만 중앙정부의 승인을 받으면, 공적 재물을 운용하여 얻은 이익으로 빈민 구제나 산성 수리 등 공적 사업의 재원으로 사용하는 게 가능했습니다. 쓴 액수만 다시 채워 넣으면, 다시 말해 '입본'하면 되는 거였죠. 하지만 부패한 수령들은 이런 규정을 악용해 사적 이익을 추구합니다. 대략 다음과 같은 방식이었습니다.

가령 올해 가을에 흉년이 들었습니다. 농민이 관아에 갚아야 할 환곡이 벼(찧지 않은 쌀) 1석인데 마침 시장 가격이 2냥입니다. 수령이 환곡 1석에 2냥으로 쳐서, 쌀이 아닌 돈으로 걷겠다고 합니다. 농민도 번거롭게 멀리 있는 창고까지 쌀을 운송하느니 돈으로 내는 게 편해서 흔쾌히 응합니다. 이윽고 이듬해 봄이 되어 쌀이 떨어지고 백성들이 굶주립니다. 환곡이 필요한 시기죠. 이때 수령이 말합니다.

"이번 가을에 풍년이 예상되지 않느냐. 그때가 되면 벼 1석에 1냥으로 가격이 떨어질 것이다. 그러니 이번에는 그냥 돈 1냥을 받아서 사용해라. 나중에 추수한 후 환곡을 갚을 땐 수확한 벼로 바치면 좋지 않겠느냐."

이 말에 백성들은 반기며 따릅니다. 환곡 창고에서 쌀을 운송해 오는 일도 불편하거니와 창고에 있는 쌀은 대체로 여러 해 묵어 품질이 좋지 않기 때문입니다.

결국 관아에서는 2냥을 받고 1냥을 내줬으니, 가만히 앉아 환곡 1석당 1냥씩 챙긴 겁니다. 1,000석이면 1,000냥이 되는 것이죠. 하지만 백성들은 2냥 손해를 보는 거라고 정약용은 말합니다. 흉년이 든 가을에 벼 1석이 2냥이라면, 이듬해 봄에는 쌀이 더욱 귀해져 1석에 3냥으로 오를 것이기 때문입니다. 규정에 따라 봄에 품질 좋은 쌀 1석을 받는다면 3냥의 가치가 있는 것인데, 돈 1냥만 달랑 받으니 사실상 2냥을 잃은 셈이라는 얘기죠. 이러고도 또 가을이 되면 쌀 1석을 바치고서는 이듬해 봄이 되면 여러 해 묵어 모래알 같은 쌀을 울며 겨자 먹기로 받게 됩니다.

'증고增估'라 불리는 꼼수도 있습니다. 더할 증增, 가격 고估 자를 썼으니 가격을 올린다는 뜻인데요. 관찰사가 수령에게 환곡을 곡식이 아닌 돈으로 걷으라고 지시합니다. 통상적으로 법에서 정한 가격은 쌀 1석에 3냥, 벼 1석에 1냥 2전입니다. 농민이 쌀 1석을 반납해야 한다면 대신 돈 3냥을 받고, 벼 1석을 반납해야 한다면 1냥 2전을 받으라는 얘기죠.

그런데 어떤 고을의 시장 가격은 쌀 1석에 5냥이고 벼 1석에 2냥으로 형성되어 있다고 합시다. 이때 수령은 백성들에게 법에서 정한 가격이 아니라 시장 가격으로 돈을 걷습니다. 쌀 1석은 5냥을 받고 벼 1석은 2냥을 받는 거죠. 그러고서 관찰사에게는 법에서 정한 대로 쌀 1석은 3냥, 벼 1석은 1냥 2전으로 계산해 바칩니다. 그러면 돈이 남겠지요? 그것을 수령이 챙기는 겁니다. 이를 가리켜 '증고'라 합니다. 만약 관찰사가 그런 사정을 알아채고 법에서 정한 가격이 아닌 시장 가격으로 걷어 자신에게 올리라고 한다면? 수령은 차액을 한 푼도 못 먹고 관찰사가 모두 꿀꺽하게 되는 거죠.

마지막은 '가집加執'입니다. 더할 가加, 가질 집執. 뭘 더 가진다는 얘기일까요? 증고를 설명하면서 관찰사가 수령에게 환곡을 돈으로 거두라고 명령하는 경우도 있다고 했지요. 이번에는 관찰사가 수령에게 2,000석을 돈으로 걷게 했다고 합시다. 그런데 수령이 여기에 2,000석을 더해 총 4,000석을 쌀 대신 돈으로 징수합니다. 그러고는 관찰사에게 바치는 2,000석에서도, 추가로 거둔 2,000석에서도 차액을 취하는 겁니다.

앞서 시장 가격은 1석에 5냥이라고 했던 것 기억하시죠? 거둘 때는 5냥으로 쳤다가 이듬해 봄이 되어 환곡을 백성들에게 나눠 줄 때는 쌀 1석에 3냥으로 칩니다. 법에서 정한 가격이 그러하니까요. 그러면 1석마다 2냥이 남으니 그 이익이 8,000냥에 이릅니다. 다시 가을이 되어 추수 후에 환곡을 상환받아 창고에 채워 넣으면 상황 끝입니다.

지금까지 환곡 과정에서 수령이 저지르는 농간 여섯 가지 중 다섯 가지를 소개했습니다. 수령도 마음먹으면 횡령하기 쉬운 자리지요? 이제 수령보다 더 아래로 내려와, 환곡 과정에서 아전들이 부리는 농간을 살펴볼 차례입니다. 정약용은 무려 열두 가지에 이르는 방법을 하나하나 상세히 설명하는데요. 여기서는 그중 환곡의 폐단을 명확히 이해하는 데 도움이 되는 몇 가지 사례만 소개하겠습니다.

첫 번째는 '번질反作'입니다. 이미 본 단어지요? 앞에서 번질은 수령이 환곡을 강제로 할당하는 것을 뜻했죠. 하지만 수령의 번질과 아전의 번질에는 차이가 있습니다. 아전의 번질은 다음과 같습니다. 10월에 백성들로부터 환곡을 거둘 때, 담당 아전이 이를 횡령합니다. 환곡 창고가 아닌 아전 개인의 곳간으로 들어가는 거죠. 연말이 되면 환곡 거두는 일을 마무리하는데, 이때 아전 우두머리가 수령에게 말합니다.

"아무개 아전이 환곡으로 거둔 500석을 개인적으로 유용한 모양입니다. 당장 채워 넣으라고 했는데도 나올 구석이 없나 봅니다. 만약 이것을 공개적으로 잡아내면 우리 관아가 환곡 수납을 제대로 하지 못한 게 드러나게 됩니다. 사또(수령)도 아시다시피 환곡 수납을 제대로 하지 못하면 저희뿐만 아니라 사또도 관찰사에게 끌려가 처벌을 받아야 하지 않습니까. 일단 문서에는 환곡 수납을 잘 마무리한 것으로 작성해 관찰사에게 보고하고 저희가 내부적으로 천천히 수습하면 별일이 없을 것입니다."

수령은 이 말을 충직한 조언으로 받아들여 그대로 따르니, 바로 이것이 매해 번질이 반복되는 이유입니다. 아전 우두머리가 정말로 충직한 인물이었다면 애초에 아전들을 제대로 관리하고 감독했겠지요. 사실은 한통속인 겁니다. 사정이 드러나면 수령도 처벌받을 테니 번질을 저지른 아전을 공개적으로 잡아다 벌주기도 어렵지요. 이런 약점을 파고든 수법입니다.

두 번째 농간은 '탄정呑停'이라 하는데, 정약용은 이것이야말로 세상에서 가장 원통한 일이라 평할 정도입니다. 심한 흉년이 든 해에는 대개 연말이 되면 환곡 갚는 기한을 미루라는 중앙정부의 명령이 내려옵니다. 환곡 상환일을 미루라는 명령을 정퇴停退라 합니다. 멈출 정停, 물러날 퇴退이니 환곡 갚는 일을 멈추고 물러나라는 의미겠지요. 여기서 중요한 것이 시차입니다. 지방 관아에서 환곡을 환수하기 시작하는 시기는 정부가 정퇴를 내리는 시기보다 많이 앞서는데요. 교활한 아전들은 이 시차를 이용해 이득을 챙깁니다.

이런 식입니다. 심한 흉년이 들어 정퇴가 내려오겠다는 예측이 서면 아전들은 농민들에게서 환곡을 거둬들이는 일을 평소보다 더 빠르게 진행합니다. 흉년이 들었으니 그러잖아도 힘든 농민들을 닦달하고, 협박하고, 매질하면서 가혹하게 거둡니다. 그런 식으로 정퇴 명령이 내려오기 전까지 환곡을 다 거두고는 그중 일부를 아전들이 횡령합니다. 예상대로 중앙정부에서 정퇴가 내려오면, 아전은 조작된 장부를 수령에게 보여 주며 이렇게 말합니다.

"흉년이 들어 환곡 거두는 것이 쉽지 않아 아직 이만큼이나 못 거둔 상태입니다. 그런데 하늘이 도왔는지 정퇴령이 떨어져 우리 고을은 무사하게 되었습니다."

아무것도 모르는 수령은 벼슬살이 운이 좋다고 기뻐하며 아전이 하자는 대로 따릅니다. 사실 아전들은 환곡을 이미 다 거둔 상태지요. 그러고는 장부에 흉년 때문에 거두지 못했다고 기록한 곡식을 빼돌리는 겁니다. 중앙정부에서는 백성들을 위해 정퇴령을 내렸건만, 정작 어려운 백성들은 쌀 한 톨만큼의 혜택도 받지 못합니다.

이제 '탄정'이라는 단어의 의미를 이해할 수 있습니다. 삼킬 탄吞에 정퇴의 정停 자를 붙이니, 정퇴를 삼킨다는 뜻이 되지요. 덧붙여 중앙정부에서 정퇴령을 내릴 때는 고을마다 등급을 매겨 상환을 미루는 환곡 양에 차등을 두었습니다. 1등급은 하나도 미뤄 주지 않고, 2등급은 4분의 1을, 3등급은 3분의 1을 미뤄 주고, 흉년 피해가 가장 심한 4등급은 절반을 미뤄 주었습니다. 물론, 아전들은 자기 고을이 몇 등급이 될지 알기 때문에 미뤄지리라 예상되는 양만큼 미리 빼돌리는 것이죠.

만약 중앙정부의 정퇴령이 예상보다 일찍 내려온다? 그렇다 해도 아전에게는 다 계획이 있습니다. 아전은 수령에게 은밀히 제안합니다.

"농민들 상황을 보니 흉년인 것치고는 나쁘지 않습니다. 그런데 정퇴령이 내린 것이 알려지면 충분히 상환할 수 있는 농민들도 바치지 않으려 할 것입니다. 그러면 자칫하다가는 내년 봄이 됐을 때 어려운 백성들에게 나눠 줄 환곡이 부족할 수 있습니다. 정퇴령이 내렸음을 알리지 말고 최대한 독촉해서 거두는 게 어떻겠습니까?"

수령이 이에 동의하면, 아전은 닦달하고 매질하여 환곡을 다 거둔 뒤에 그제야 정퇴령이 내렸음을 알려 줍니다. 그러고는 중앙정부에서 상환을 미뤄 준 양만큼을 빼돌려 쌀값이 비쌀 때 시장에 내다 팝니다. 이듬해 봄이 되어 백성들에게 환곡을 나눠 주는 시기가 오면, 횡령한 돈 일부를 이용해 환곡 대신 돈으로 줍니다. 차액은 온전히 수령과 아전의 몫이지요.

이렇게 상환이 미뤄진 환곡은 해를 넘기다 나라에 큰 경사가 생기면 중앙정부에서 탕감 명령을 내립니다. 어렵고 힘든 백성들을 위해 탕감하는 것인데, 결국 아전의 횡령이 탕감받는 결과가 됩니다. 기가 막힌 노릇이지요.

또, 아전이 행하는 농간에도 '입본立本'이 있습니다. 입본(공적 자금을 유용하고는 액수를 다시 채워 넣는 행위)에 수령과 아전이 함께하는 것이죠. 먼저 나선 아전이 수령을 꼬드겨 공모자가 되는 식이었습니다. 아전으로서는 수령과 공모했으니 좀 더 안전했다고 해야 할까요?

마찬가지로, 아전도 '가집加執'을 합니다. 관찰사가 환곡 2,000석을 돈으로 걷으라고 했다고 합시다. 그러면 수령이 1,000석을 더 걷으니 아전도 몰래 800석을 추가하는 식입니다. 아전은 실무를 맡은 사람이니 자신이 추가한 800석을 여러 마을에 골고루 흩어 놓고 아무개 집에 몇 두, 아무개 집에 몇 두 하는 식으로 얹는 겁니다. 물론 장부에는 자신이 추가한 석 수가 드러나지 않도록 교묘하게 꾸며 써, 수령은 이를 쉬이 알아차리지 못합니다.

'분석分石'이라는 농간도 있습니다. 나눌 분分에 쌀 한 석 두 석할 때의 석石 자입니다. 쌀 1석을 나눈다는 의미죠. 분석을 설명하면서 정약용은 자신이 강진에 유배를 와 잠시 읍내 주막에 머물렀을 때의 일화를 이야기합니다. 마침 주모가 벼를 키질하고 있었는데, 겨와 쭉정이를 따로 모아 한데 쌓아 두더랍니다. 무엇에 쓸 것이냐 물었더니 주모가 대답합니다.

"곡물 창고를 담당하는 아전이 민가에 미리 돈을 나눠 주고 겨와 쭉정이를 거두어 갑니다. 어디에 쓰는지는 새삼스레 말할 필요가 있겠습니까."

이렇게 말하고서는 낄낄 웃더라는 겁니다. 환곡을 거두어들이는 날에 아전은 이렇게 모은 겨와 쭉정이를 일단 환곡 창고에 넣어 둡니다. 밤이 되면 촛불을 들고 다시 창고로 갑니다. 그러고는 곡식을 꺼내 거기에 겨와 쭉정이를 섞습니다. 이렇게 1석을 2석으로 만들고, 심하면 3석이나 4석으로 만들기도 합니다. 겨와 쭉정이를 섞은 것으로 원래 석 수를 채워 놓곤 멀쩡한 곡식으로 이루어진 석을 훔쳐 자기 집에 가져가는 거죠. 이것이 바로 '분석'입니다. 하지만 이런 짓은 좀도둑이나 하는 농간이고, 큰 도둑놈들은 온전한 알곡을 석째로 팔아 차액을 챙기는 입본을 한다고 정약용은 말합니다.

다음은 '반백半白'입니다. 익숙한 글자지요? 절반 반半, 흰 백白인데 무슨 의미일까요? 봄에 환곡을 나눠 주는 시기가 되면 아전은 마을 유지를 불러 살살 꼬드깁니다.

"너희 마을이 이번 봄에 받아야 할 환곡은 40석인데 창고에

정약용이 강진에서 유배 생활을 했던 다산초당입니다.

서 썩어나고 겨와 쭉정이가 섞여 있어 실제로 받아 키질하면 20석이 못 될 것이다. 게다가 그 곡식을 받으려고 왔다 갔다 하려면 이틀이나 일을 못 하지 않느냐. 환곡 나눠 주는 데 드는 이런저런 비용도 너희가 부담해야 하니, 도대체 너희에게 무슨 이득이 있겠느냐. 나에게 좋은 방책이 있는데 한번 들어 보겠느냐?"

"뭡니까? 하라는 대로 따르겠습니다."

"내가 마침 춘궁기여서 사정이 어렵구나. 그러니 일단 너희들이 받기로 되어 있는 환곡 40석을 나한테 주면 내가 그것으로 어떻게든 춘궁기를 버텨 내고, 가을이 되어서 너희가 환곡 40석을 갚아야 할 때 내가 그 절반인 20석을 대신 부담하면 어떻겠느냐. 생각해 봐라. 만약 이번에 너희가 직접 와서 40석을 받아 가면 그게 실제로는 20석도 안 되는 데다 환곡 나눠 주는 데 드는 비용까지 부담해야 하지 않느냐. 그러고는 가을에 40석을 갚아야 하는데 그중 절반인 20석을 내가 대신 갚아 주면 결국 너에게도 이득이 아니냐. 이자도 내가 다 부담하겠다."

"좋습니다. 그리하겠습니다."

이런 식으로 마을 열 곳과 계약을 하면 한 마을당 40석씩 총 400석의 환곡을 아전이 가져갈 수 있습니다. 아전은 환곡 창고를 열어 알차고 상태 좋은 곡식만을 골라 200석을 가지고 나옵니다. 나머지 200석은 어차피 가을에 갚아야 할 분량이니 창고에 그대로 두고요. 미리 갚은 셈 치는 거죠.

이윽고 환곡을 반납해야 하는 가을이 옵니다. 아전은 이미 200석을 갚은 상태이니 400석에 대한 이자 10%인 40석만 채워 넣는데, 이 40석도 실상은 곡식 10여 석에 겨와 쭉정이를 잔뜩 섞어 양을 불린 겁니다. 마을 열 곳의 백성들은 봄에 쌀 한 톨 받은 것이 없는데도 가을에 200석을 마련하여 창고에 바칩니다. 아전은 440석을 제대로 반납했다는 증서를 백성들에게 나눠 줍니다. 가엾은 백성들은 말합니다.

> "어르신의 신실함은 털끝만큼도 어긋남이 없습니다. 내년에
> 도 다시 은혜를 베풀어 주시기를 바랍니다."

이것이 바로 '반백'입니다. 정약용은 개탄합니다.

> "(한 고을에) 아전으로서 이런 일을 하는 자가 대여섯 명이고,
> 한 명이 400~500석, 많은 경우에는 600~700석을 가져간다.
> 이런 방법이 나온 것은 10여 년이 안 되었건만 처음에는 몇

고을에서만 행해지다가 지금은 한 도에 두루 퍼졌다. 아아!
폐단이 여기에 이르렀는데도 재상과 관찰사는 팔짱을 낀 채
뻔히 보면서도 바로잡지 않으니 장차 어찌할 것인가."

정약용은 강진에 귀양 와서 10년을 지내는 동안 환곡 창고로
드나드는 길을 살펴보았으나 곡식을 받아 지나가는 백성을 본
적이 없다고 술회합니다. 받는 건 없고 갖다 바치기만 하는 셈이
죠. 정약용은 이것이 무슨 환곡이냐고, '환還'이라는 건 되돌린
다는 뜻이며 갚는다는 뜻인데 가져가지 않았으면 되돌릴 것도,
갚아야 할 것도 없지 않겠느냐고 답답한 마음을 토로합니다.

정약용은 환곡의 폐단이 극심해 일개 수령이 근본적인 해결
책을 마련할 수는 없다고 한계를 명확히 하면서도, 아전의 횡포
를 줄일 수 있는 방법을 몇 가지 제시합니다. 우선 어지럽고 복
잡한 환곡 장부를 쉽게 알아볼 수 있도록 개선해야 합니다. 정약
용은 지금 우리가 사용하는 엑셀처럼 가로세로로 잘 정리된 형
태의 표에 환곡 창고들의 현황과 관련 규칙을 기재하고 관리할
것을 제안합니다. 그 표에 따라 환곡 제도를 엄격하고 정확하게
집행할 것도요. 『목민심서』에 자세한 예시가 실려 있지만 너무

복잡하고 어려운 내용이라 생략합니다. 혹시 관심이 있다면 『목민심서』 원문을 찾아보세요.

가을에 환곡을 거둘 때 수령이 신경 써야 하는 사항들도 있습니다. 당연한 말이겠지만, 우선 환곡을 잘 거둬들여야 이듬해 봄에 잘 나눠 줄 수 있으니까요. 쌀의 양을 측량하는 기구들의 크기를 살펴 모두 동일하도록 조치하고, 쌀 부피를 재는 방법을 세세하게 일러 주는 등 백성들에게서 원망이 나오지 않도록 여러 면에서 세심하게 주의를 기울여야 합니다. 정퇴령이 내려올 것이라 예상되면 아전이 챙기지 못하게 막고 정말 어려운 백성들에게 그 혜택이 돌아가도록 각별히 유의해야 함은 물론입니다. 개인적으로는 아래에 옮긴 내용이 무척 흥미로웠는데요.

수령은 환곡으로 받은 여러 곡식(쌀, 벼, 콩, 조)을 각각 1석씩 가져다가 관아의 다락 위 곳간에 둡니다. 쥐가 파먹지 못하도록 구멍을 꼼꼼히 막은 뒤, 창고를 관리하는 아전들을 불러 다음과 같이 이릅니다.

"내가 이 곡식을 보관해 두는 것은 자연적으로 줄어드는 양을 알고자 함이다. 내년 봄에 환곡을 나누어 주는 날이 되면

농민들이 벼 타작을 하고 있는 모습입니다. 이렇게 낟알을 떨어낸 다음, 찧거나 키질을 하여 겨를 제거한 쌀은 벼(찧지 않은 쌀)에 비해 두세 배 비쌌습니다.

먼저 이 곡식 양을 헤아려서 만약 5되가 축났으면 창고의 환곡 역시 1석에 5되를 참작하여 줄 것이며, 만약 1두가 축났다면 역시 1두를 참작하여 주고, 만약 2두가 축났다면 역시 2두를 참작하여 줄 것이니 너희들은 이것을 알도록 하라. 창고 곡식 중에 유독 많이 축난 것은 참작해 주지 않을 것이며, 아주 작은 양이라도 반드시 추징할 것이니 너희들은 삼가도록 하라."

그런 다음에 백성들이 바친 곡식을 창고에 정성껏 보관하게 합니다. 수령이 이렇게까지 한다면 감히 횡령할 마음을 먹기 어려울 것 같지 않나요?

특히 환곡을 나눠 주는 봄이 되면 수령이 직접 나서는 게 중요합니다. 일단 가을에 환곡을 거둘 때부터 아전들에게 '내가 봄에 환곡을 직접 나눠 주겠다.'고 거듭 알려서 아전들이 환곡에 겨와 쭉정이를 섞는 '분석'을 하지 않도록 주의를 줍니다. 봄에 환곡을 나눠 줄 때는 곡식 상태를 유심히 살펴, 다락 위 곳간에 보관해 두었던 곡식과 비교해 축난 양에 큰 차이가 없다면 그대로 나눠 줍니다. 그렇지 않고 양이 적거나 겨와 쭉정이가 많이 섞여 있는 것은 다시 키질한 후 부족한 양을 채워 온전한 석을 만들어 줘야 합니다.

또한 농간을 저지른 아전이 있다면 공개적으로 한 차례 엄격하게 형벌을 줍니다. 가을에 아전들에게 '내가 봄에 환곡을 직접 나눠 주겠다.'고 미리 주의를 줬으니 처벌받은 아전도 할 말이 없을 것입니다.

간혹 양식이 떨어진 양반이 재해를 당했다고 거짓말하여, 아니면 도랑을 파거나 제방을 쌓는다고 거짓말하여 관아의 곡식을 수십 석 받아 놓고서는 세월이 지나도 갚지 않는 경우가 있습니다. 이렇게 양반들이 빌려 쓰고서는 갚지 않는 것을 유포儒逋라 합니다. 선비 유儒, 도망갈 포逋입니다. 큰 기근이 들거나 나라에 큰 경사가 있어 밀린 환곡을 탕감해 주라는 명령이 내려오면 수령은 사사로운 친분에 이끌려 양반이 빌린 것을 탕감해 주는 경우가 많습니다. 불공정하기 짝이 없는 처사죠. 정약용은 여러 백성이 다 같이 환곡을 받는 경우가 아니라면 창고를 열어서는 안 된다고 강조하며 다음과 같은 사례를 듭니다.

이여송은 임진왜란 때 명나라 군대를 이끌고 조선을 도와 참전한 장군입니다. 이 장군의 손자 중에 이원李源이라는 사람이 조선에서 절도사를 지냈는데요. 그가 군수郡守로 있던 때의 일입니다. 왕의 외척인 양반이 있었는데 환곡 400석을 받아 쓰고는 아무리 독촉해도 상환하지 않았습니다. 이원이 관아 심부름꾼에게 고지서를 쥐여 그 양반 집에 보냈다가 매를 맞아 죽을 뻔할 만큼 막무가내였지요. 이원이 짐짓 놀라는 척하며 아전에게 물었습니다.

"그 집 주인이 누구인가?"
"아무개입니다."
"내가 잘못했구나. 그 집인 줄 진작 알았다면 어찌 감히 이런 짓을 하였겠는가."

그렇게 말하고는 사람을 보내 사죄의 뜻을 표하니 양반이 크게 기뻐했습니다. 10여 일 후, 마침 날씨가 차고 눈이 내리는 날이었습니다. 이원이 자기 아래의 장교를 불러 어깨에 매를 얹어 사냥에 나가도록 명하고, 자신도 군복을 갖춰 입곤 따라오는 자들에게도 모두 군복에 활과 화살을 메고 칼을 차게 했으며, 요리 담당자에게는 술과 고기를 마련해 오라고 명령하였습니다. 그 양반이 사는 촌락 앞에 이르러 말에서 내려 장막을 치고 불을 피워 냄비를 얹어 놓고는 짐짓 "저 산 아래 기와집은 누구의 집인가?"라고 물었습니다. "아무개의 집입니다."라고 대답하자 그는 즉시 그 집에 사람을 보내 다음과 같은 말을 전했습니다.

"오늘 마침 사냥을 나와 귀댁의 문밖에 머물게 되었습니다. 제가 마땅히 찾아뵙고 인사를 드려야 하겠으나 군복을 입고 있어서 실례가 될까 조심스럽습니다. 괜찮으시다면 잠시 거동하시어 함께 즐겨 주십시오."

양반이 크게 기뻐하여 곧 나와 인사를 나누고 말 몇 마디를 건네자, 이원이 칼을 뽑고 눈을 부릅뜨며 군졸들에게 명하였습니다.

"이놈을 꽁꽁 묶어라. 내가 오늘 사냥 나온 것은 이 짐승을 잡기 위함이다."

드디어 양반을 묶어 말 등에 싣고 달리며 군졸들에게 승전곡을 연주하게 했습니다. 이원이 큰 말을 타고 거나하게 취하여 포로를 이끌고 관아로 돌아오니 사람들이 매우 놀랐습니다. 죄수에게 큰 칼을 씌워 가둔 지 대엿새 만에 환곡 400석이 전부 상환되었습니다. 이원은 이에 그를 석방하고 마주 앉아 술을 권하며 "공적인 일에는 사사로움이 없으니 용서하시기 바랍니다." 하고 사과하였습니다. 그 뒤로 양반들이 두려워서 복종하고 감히 명령을 어길 수 없었다고 합니다.

여기까지 읽고 나니 조선 시대 백성들의 처지가 참으로 안타깝지 않나요? 수령들이 『목민심서』에 실린 방법대로 고을을 다스렸다면 좋았을 겁니다. 그랬다면 조선 후기에 그토록 많은 농민 봉기가 일어나지 않았을지도 모르지요. 정약용이 그랬듯 수령들이 백성을 사랑하는 마음으로 살뜰히 보살폈다면 더할 나위 없이 좋았겠지만, 어쩌면 그것은 모든 사람이 서로에게 아무런 영향도, 해도 끼치지 않고 살아가는 유토피아적인 상상에 불과할지 모릅니다.

하지만 모든 사람이 좋게 바뀔 수는 없다고 해서 일부가 좋게 바뀔 가능성마저 포기해야 할까요? 어차피 사람은 모두 죽을 테니 아무렇게나 살아도 괜찮다고 말한다면, 어느 누가 그 말에 귀를 기울이겠습니까.

정약용이 『목민심서』를 쓴 이유, 제가 이 책을 쓴 이유는 좀 더 나은 사람이 될 일부에 기대를 걸기 때문입니다. 바닷물에서 소금이 차지하는 비중은 3.5%에 지나지 않지만, 그 적은 양의 소금으로 인해 바다 생태계가 유지될 수 있음을 우리는 알고 있습니다.

4조 호적

뜻이 아무리 높은들

뜻을 쥔 사람의 손이 검다면

Yo, Listen-

　예로부터 국가는 공동체 구성원의 정보를 기록하고 관리하기 위해 호구戶口 조사를 하고 그 내용을 토대로 호적戶籍을 작성했습니다. 집 호戶에 인구 구口이니 호구는 가구와 그 구성원을 의미하고, 호적은 호구 조사 내용을 기록한 장부를 가리킵니다. 사람의 신분을 파악해 사회 질서를 유지하기 위해서든, 소득을 파악해 세금을 거두기 위해서든, 군 복무가 가능한 인원을 징집하여 군대를 유지하기 위해서든, 호구 조사는 필수 불가결한 업무였지요.

　호구 조사는 조선 시대 세금 행정에서도 매우 중요한 역할을 했습니다. 인구와 재산을 정확히 파악해 공정하게 세금을 부과하고 안정적인 세수를 확보하는 기반이 되니까요. 특정 계층이나 지역에 과도한 세금 부담이 가해지는 것을 방지하여 사회적 불만을 줄이고, 국가의 통치 안정성을 높이기 위해서도 호구 조사는 필수적입니다. 도움이 필요한 사람들을 정확히 파악해 사회 복지와 구제 활동을 하는 데에도 유용했고요.

하지만 취지 자체는 좋았던 환곡 제도가 오히려 백성들의 삶을 도탄에 빠뜨리고 만 것을 여러분은 기억할 것입니다. 호구 조사 또한 환곡 제도와 크게 다르지 않았습니다. 3년에 한 번 호구 조사가 시행될 때마다 아전들이 농간을 부려 배를 불리고 가난한 백성들은 더 많은 세금 부담을 떠안게 되었으니까요. 호구 조사 업무를 맡은 아전은 큰 고을에서는 1만 냥을, 작은 고을에서도 3,000냥은 먹을 수 있었다고 합니다. 걸린 돈이 워낙 크다 보니 이 업무를 맡기 위해 아전들이 여기저기 뇌물을 바쳤는데, 심지어 수령이 좋아하는 기생에게까지 뇌물을 바칠 정도였다네요.

대체 호구 조사가 어떻게 이들에게 엄청난 돈다발을 안겨 줄 수 있었던 걸까요? 정약용은 4조 호적에서 그 어질어질한 아사리판의 속살을 적나라하게 드러내고 백성들을 위해 수령이 대처해야 할 바를 상세하게 설명합니다.

호적戸籍은 집 호戸에 문서 적籍 자가 더해진 단어인데요. 국가 내의 호구戸口 즉 가구와 인구를 조사해 양식에 맞게 작성한 문서를 의미합니다. 이렇게 말하면 너무 추상적이지요? 그래서 『목민심서』에 나오는 표를 살짝 수정해서 예로 보여 드리겠습니다. 다음 표(164쪽)는 호적을 작성하기 위한 기초 자료로 활용된 것입니다.

표의 맨 왼쪽 상단에 보이는 '독산동'은 호구 조사한 동네입니다. 제가 사는 곳이네요. 첫 번째로 등장하는 임승수의 기록을 살펴봅시다. 품品은 신분을 의미하는데, 양良은 양인良人, 즉 평민

독산동	品品	世세	客객	業업	役역	宅택	田畓전답	錢전	丁정	女여	老노	弱약	恤휼	奴노	婢비	種종	畜축	船선	鋘좌
임승수	양良	3		농農	포布2	3	5일		2	2		여1					소小1		
남상문	사士	7		과科		7	10일		3	2	남1	여2		1	1	이梨2	우牛1		
정일득	양		이천1년	야冶	전錢1	3			1	1		여1							2
윤세문	사	7		과	속束1	와瓦20	10석	천千	5	3	남1	남1여1		4	4	죽대竹大	우牛2마馬1		
하소사	양	2				2						여1	과부寡						1

입니다. 바로 아래의 남상문이라는 사람은 사士인 걸 보니 양반이네요.

세世는 이 동네에서 몇 대째 살고 있는지를 표기한 겁니다. 임승수는 3대째 살고 있군요. 바로 옆 항목인 객客은 이사 온 사람을 의미합니다. 정일득 씨 항목을 보니 1년 전에 이천에서 독산동으로 왔다고 적혀 있네요.

업業은 직업을 의미하는데, 임승수는 농農업에 종사합니다. 남상문 씨는 과科라고 적혀 있군요. 과거를 준비하는 선비라는 뜻입니다. 정일득 씨는 야冶, 즉 대장장이입니다.

역役은 군역 대상자, 즉 국방의 의무를 진 인원을 의미합니다. 임승수네 집은 포布 2라고 적혀 있는데요. 군포軍布(군역 대신 내던 베)를 바치는 사람이 두 명이라는 뜻입니다. 군역 대상자는 현역으로 복무하기도 하고 군포나 돈을 바쳐서 국방의 의무를 대신하기도 했거든요. 정일득 씨네 집은 군역 대상자가 한 명 있는데 돈錢을 납부해 국방의 의무를 수행합니다. 윤세문 씨네 집은 속束자를 보니 속오군束伍軍에 편입된 사람이 한 명 있군요. 속오군은 지금으로 치면 향토 예비군이라 할 수 있습니다.

택宅은 집의 칸수를 가리킵니다. 임승수의 집은 소박하니 세

칸짜리네요. 윤세문 씨의 집은 와瓦가 적혀 있는 걸 보니 기와집이군요. 무려 20칸이나 됩니다.

전田은 밭을, 답畓은 논을 의미합니다. 임승수는 5일이라고 되어 있네요. 5일은 5일경日耕을 의미하는데, '일경'은 사람 한 명과 소 한 마리가 하루 동안 경작하는 밭의 면적입니다. 그러니 5일은 사람 한 명과 소 한 마리가 닷새 동안 경작하는 밭의 면적이지요. 윤세문은 10석이라고 되어 있는데요. 이는 200마지기의 논을 의미합니다.

전錢은 돈을 의미하는데, 임승수는 아무것도 적혀 있지 않습니다. 윤세문은 천千이라고 쓰여 있네요. 기와집에 살고 논 200마지기에 돈도 1,000냥이나 있군요. 부자로 인정합니다! 호구 조사를 하면서 돈이 얼마나 있는지 집을 뒤져 보는 건 당연히 아니고요. 항간에 떠도는 소문을 적어 놓는다고 합니다.

정丁은 17세 이상 60세 미만의 남자, 여女는 17세 이상 60세 미만의 여성, 노老는 60세 이상의 사람, 약弱은 16세 이하의 사람을 의미합니다.

휼恤은 홀아비, 과부, 고아, 자식 없는 노인, 장애인을 가리킵니다. 맨 밑에 하소사 씨가 해당 항목에 과부寡라고 표시되어 있네요. '노奴'는 남자 종을, '비婢'는 여자 종을 뜻합니다. 둘을 합쳐 '노비'라 부르는 것이죠.

종種은 경제적 가치가 있는 식물, 축畜은 경제적 가치가 있는 동물입니다. 임승수는 송아지小 한 마리가 있네요. 남상문은 배나무梨가 두 그루, 소牛가 한 마리 있습니다. 윤세문은 넓은 대나무밭竹大에 소 두 마리, 말 한 마리를 보유하고 있습니다. 역시 잘 사는 집은 다르네요.

선船은 배를, 좌鑘는 쇠솥을 의미합니다. 배가 있는 사람은 아무도 없군요. 쇠솥은 정일득이 두 개, 하소사가 한 개를 가지고 있습니다. 그러면 다른 사람은 쇠솥이 없느냐? 아닙니다. 지극히 가난한 사람인 경우에만 쇠솥 항목을 기록합니다. 다른 사람의 집에는 당연히 쇠솥 정도는 있겠지요. 가난한 집의 살림살이를 판단할 때 쇠솥 보유 여부가 중요한 정보였던 겁니다.

생각보다 자세한 내용을 담고 있지요? 심지어 쇠솥 개수까지 파악할 정도니까요. 수집하는 정보를 보면 호구 조사를 하는 이유를 알 수 있습니다. 신분 질서를 유지하기 위해 모든 사람의 신분을 파악하는 것일 테고, 세금을 빠짐없이 공정하게 걷으려면 가구마다 경제 상황을 파악해야 하고, 군대를 운용하려면 성

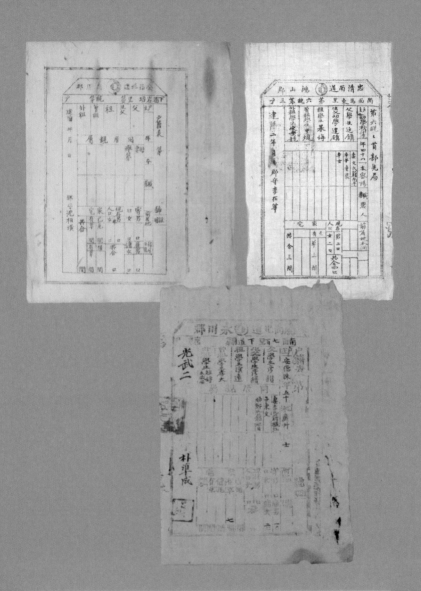

여러 지역의 호적표입니다. 앞서 설명한 가구 구성원이나 살림살이에 대한
정보가 담겨 있겠지요.

인 남성이 얼마나 있는지 파악해야 하고, 형편이 어려운 사람을 돕기 위해서는 관련 정보를 수집해야 합니다.

그러니 국가가 호적을 정확하게 작성하는 일이 얼마나 중요한지는 아무리 강조해도 지나치지 않습니다. 정약용은 호적을 작성하는 방법에 두 가지가 있다고 말합니다. 핵법覈法과 관법寬法인데요. 각각 엄격할 핵覈과 너그러울 관寬이니, 느낌이 오시죠? 핵법은 어느 한 명, 어느 한 집도 빠뜨리지 않고 엄격하게 작성하는 겁니다. 어느 정도냐면, 호적에 오르지 않은 자는 살해당하거나 성폭행을 당해도 재판을 받을 수 없습니다. 사실상 존재하지 않는 인간으로 취급되죠. 지금으로 치면 주민 등록이 되어 있지 않은 사람이라고 할 수 있겠습니다.

반면 관법은 사람이나 집을 빠짐없이 기록하는 방식은 아닙니다. 관청의 장부와는 별도로 마을에서 따로 장부를 만들어 세금 납부 등의 일을 자치적으로 처리하고, 관아에서는 그 대강을 파악한 후 마을마다 고루 공평하게 되도록 힘써 너그럽게 이끌어 가는 것이지요.

정약용은 조선의 상황에는 핵법보다 관법이 현실적이라고 말합니다. 물론 국가의 법과 제도가 공정하다면 핵법에 따르는 게 원칙적으로 맞는 일일 것입니다. 하지만 법과 제도가 허술하고 아전들이 농간을 부려 백성들의 부담이 큰 상황에서 수령이 갑자기 핵법에 따르겠다며 호구를 샅샅이 조사하면 백성들이 크게 동요할 것입니다. 지금도 힘든데 더 가혹하게 세금을 걷어 가겠다는 의도로 여길 테니까요. 아전들의 농간질이 더 심해지리라는 것도 불 보듯 뻔한 일입니다. 이러한 이유로 정약용은 오직 관법에 따를 것을 조언합니다.

예를 들어 어떤 마을에서 공문서에 등록된 호수가 총 3,000가구인데, 집터를 기준으로 실제 호수를 헤아려 보니 9,000가구가 있다고 합시다. 만약 핵법에 따른다면 이를 샅샅이 조사해 호수를 현실에 맞게 늘려야겠지요. 문제는, 호수를 늘리면 마을 사람들이 부담할 세금이 늘어난다는 점입니다. 앞서 다뤘던, 토지에 부과되는 세금 외에도 호별로 부과되는 세금이 있기 때문인데요. 3,000호에서 9,000호로 늘어나면 해당 세금이 갑자기 세 배로 늘어납니다. 정약용은 그렇게 하지 말고 세 가구마다 1호를 설정하여 9,000가구로 3,000호를 맞추라고 합니다. 이렇게 하면 1호에 부과되는 세금을 세 가구가 적절히 나누니 백성들의 부담이 줄어들지요. 요컨대 세금 총액을 늘리지 않고 그대로 유지하면서 그것을 가구마다 공평하게 분배하라는 겁니다. 이것이 바로 관법입니다.

정약용은 지난 수십 년간 수령들이 제대로 일을 살피지 않아 아전의 횡포와 농간이 심해졌는데, 그중에서도 호적이 가장 심하다고 지적합니다. 예를 들어 100가구가 사는 부촌이 있습니다. 3년마다 호적을 새로 작성하는데 올해가 마침 그 해입니다. 아전은 공문을 띄워 호적에 10호를 늘리겠다고 위협합니다. 그만큼 마을에 부과되는 세금이 늘어나겠지요? 당황한 부촌의 우두머리가 사람들을 불러 의논합니다.

"이대로라면 10호가 늘어나는 걸 피하기 어려울 것 같습니다. 마을 전체에 늘어나는 세금을 계산하니 1년에 100냥입니다. 호적은 3년 뒤에나 다시 작성할 텐데, 그때까지는 호수 변동이 없으니 3년간 300냥을 더 내야 한다는 얘기가 됩니다. 그러느니 차라리 아전에게 100냥을 쥐여 주고 10호가 늘어나는 걸 막는 게 이득이 아니겠습니까."

"그렇고말고. 우린 그저 자네만 믿겠네. 우리가 100냥을 거둬서 줄 테니 자네가 가서 일을 성사시키게."

마을 사람들이 돈 100냥을 모아 주면 우두머리는 그중 20냥을 몰래 자신이 먹고 남은 80냥을 아전에게 주며 거래를 합니다. 아전에게 추가로 제안하기도 하죠.

"우리가 남도 아니고, 혹시 우리 마을의 호수를 줄이는 것도 가능하겠나?"
"원래는 어렵지만, 자네가 그렇게까지 말하는데 내 어찌 거절할 수 있겠는가."

우두머리는 다시 마을로 돌아가 사람들을 모아 놓고서는 다음과 같이 말합니다.

"내가 5호를 줄이는 일도 이미 약속을 받아 두었으니 여러분은 속히 50냥을 만들어 주시면 좋겠습니다."
"거 참 잘됐네. 자네가 아니었으면 어떻게 5호를 줄일 수 있었겠는가."

아전은 부촌에서 줄어든 5호를 다른 다섯 마을에 1호씩 배당

합니다. 다섯 마을의 사람들은 놀라며 다음과 같이 말합니다.

"우리 동네가 망하겠구나. 우리 동네는 세 가구가 서로 의지
해 1호의 세금을 부담하는 일도 피가 마를 지경이었는데, 여
기에 1호가 더 늘어나면 누가 감당하겠는가!"

그러고는 송아지를 팔고 쇠솥을 팔아 만든 7냥을 가지고 아
전을 찾아갑니다.

"엎드려 부탁드리니 후한 덕으로 이 슬픈 고충을 살펴 주소
서. 약소한 돈이나마 정성을 표하는 것입니다."
"1호를 면제하려면 으레 10냥은 바쳐야 하는데, 너희의 처지
가 딱해 특별히 청을 들어주겠다."

그러면 아전은 이 1호를 또 다른 마을에 갖다 붙입니다. 그
마을에서도 바삐 달려와 뇌물을 바칩니다. 이렇게 부촌에서는
돈 100~200냥을 바치고, 다음 마을에서는 70~80냥을 바치며, 차
례로 내려가 세 가구에 불과한 작은 마을에서까지도 7~9냥을

바치게 됩니다. 부촌에서 깎인 5호는 여기저기 둥둥 떠다니다가 세금이 면제되는 마을(제역촌)에 슬그머니 추가되고요. 어떻게 추가되느냐면, 제역촌의 한 집에 아버지와 아들 다 해서 일곱 명이 있으면 장부에서 그것을 쪼개 7호를 만드는 식입니다. 부족하면 가상의 인물까지 만들어서 할당합니다. 아전은 이런 식으로 장부를 위조해 고을의 총 호수를 맞춥니다.

현실이 이러하니 호마다 세금을 할당할 때 보면 100가구가 있는 마을이 10호에도 미달하는가 하면 고작 세 가구가 있는 마을이 장부상으로는 9호가 되기도 합니다. 공식적으로는 5,000~6,000호인 고을이라도 이 5,000~6,000호에 부과되는 세금 총액을 실제 부담하는 건 1,000호에 지나지 않습니다. 매우 불공평한 일이 아닐 수 없지요. 정약용은 한탄합니다.

"나라 안의 모든 고을이 아전 중에서도 이방吏房(지방 아전의 대표자로, 인사 실무를 맡았습니다)을 제일 좋은 자리로 여기지만, 호적을 새로 작성하는 해에는 이 일을 담당하는 아전을 제일로 꼽는다. 호적을 담당하는 아전은 큰 고을에서는 넉넉히 1만 냥을 먹고, 작은 고을이라도 3,000냥은 넘게 먹기 때문이다. 이익이 이와 같으니, 간사하고 교활한 아전은 이 자리를 노리고서는 곳곳에 뇌물을 주는데 심지어 수령이 좋아하는 기생에게까지 바친다. 수령이 호적 업무 담당자를 임명할 때 이미 뇌물을 받았으니, 공무를 집행하는 날에 아전의 농간을 막을 수 있겠는가.”

정약용은 한탄하는 데 그치지 않고 문란한 호적을 바로잡을 방법을 제안합니다. 수령은 먼저 글을 잘 아는 노련한 아전을 몇 사람 불러다 고을 지도를 만들게 합니다. 이때 축척은 1척(약 30 센티미터)이 10리(약 4킬로미터)를 나타내도록 합니다. 읍성과 산, 하천, 마을을 그려 넣는데 100가구가 있으면 △표를 100개, 열 가구가 있으면 △표를 열 개 그리는 식으로 합니다. 산 구석 외진 곳에 한 가구가 동떨어져 있더라도 빠뜨리지 않고 그립니다. 구석구석 도로도 그려 넣은 후 기와집은 푸른색, 초가집은 누른색, 산은 녹색, 물은 청색, 도로는 붉은색으로 칠합니다. 이 지도를 관아에 걸어 두고 살펴보면 온 고을 백성들의 주거 상황을 한눈에 파악할 수 있습니다.

지도를 만든 후에는 가좌책家坐冊을 만듭니다. 가좌는 집 가家,

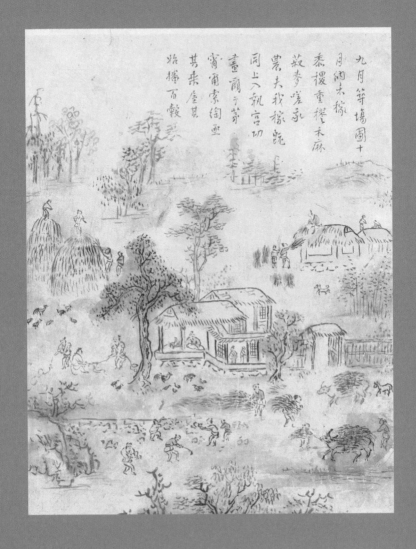

九月等場圃十

月納禾稼

黍稷重穋禾麻

菽麥嗟爾

農夫我稼既

同上入執宮功

畫爾于茅

宵爾索綯亟

其乘屋其

始播百穀嗟

이방운의 〈빈풍칠월도〉라는 그림입니다. 그림에 적혀 있는 것은 『시경』의
「빈풍·칠월」로, 왕실에서 손쉽게 먹는 음식은 백성들이 1년 동안 힘든 농사일을
한 결과물임을 일러 주는 내용입니다.

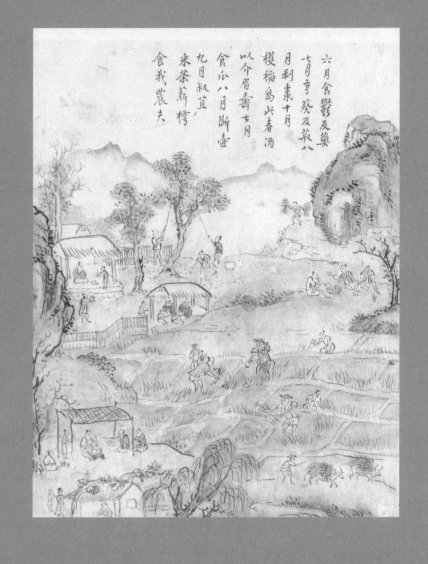

六月食鬱及薁
七月亨葵及菽
八月剥棗十月
穫稻為此春酒
以介眉壽七月
食瓜八月斷壺
九月叔苴
采荼薪樗
食我農夫

앉을 좌座로 집터를 의미합니다. 집터를 기준 삼아 작성했기에 '가좌책'이라고 부르는데요. 수령이 다스리는 고을 주민의 신분, 재산, 가족 관계 등을 세세하게 조사해 기록한 장부입니다. 정약용은 "호적은 비록 관법을 쓰되, 가좌책은 반드시 핵법을 쓸 일이니, 한 치 한 끗도 어긋나서는 안 될 것"이라고 강조합니다. 그야말로 샅샅이 조사해 적으라는 말이지요. 앞서 봤던 표 기억나시죠? 그 표가 바로 가좌책에 담긴 정보를 토대로 작성한 겁니다.

이 가좌책을 만들 때는 주의할 점이 있습니다. 부임하고 한 달 정도 지나 백성들이 수령에 대해 어느 정도 믿음을 갖게 되었을 때 해야 합니다. 부임하자마자 살림살이에 관한 세세한 정보를 캐면, 백성들은 세금을 더 뜯어내려는 것으로 오해해 불안해하기 때문입니다. 수령은 실무를 맡은 아전들에게 다음과 같이 지시를 내립니다.

"너는 마을로 가서 가좌책을 작성하되 한 글자라도 어긋남이 있으면 처벌하겠다. 내가 가좌책을 작성하는 이유는 악착같이 실상을 파악해서 세금을 더 걷자거나 백성을 괴롭히

자는 게 아니다. 수령의 본분을 다해 백성을 잘 다스리려면 그들의 살림살이를 자세히 알아야 하지 않겠느냐. 백성들이 두려워하지 않도록 취지를 잘 설명하기를 바란다.

너희는 수령이 관아에 들어앉아 있으니 산속 깊이 사는 백성의 실태를 어찌 알겠냐고 생각하기 쉽다. 그러나 천하의 모든 일은 '정성 성誠' 한 자뿐이다. 수령이 만약 정성이 없다면 관아 문 앞의 일도 잘 모를 것이요, 정성이 지극하다면 천리 바깥까지 볼 것이다. (중략)

혹시 산촌에 사는 한 백성이 관아에서 재판받게 되면 너희가 만든 장부를 가지고서 차례차례 물어볼 터인데, 장부에 조금이라도 어긋남이 있으면 반드시 탄로가 날 터이니, 너희에게 처벌이 있을 것이다. 어느 구석진 마을에서 살인 사건이 나더라도 내가 조사하기 위해 그곳에 가 몸소 백성들 가옥의 칸수를 헤아려 볼 터이니, 장부에 조금이라도 어긋남이 있으면 거기서 필시 탄로 날 것이다. 내가 따로 심복을 보내 수시로 살펴보아 너희들의 농간을 적발할 것이요 또 별도로 탐문해 볼 것이니, 하나라도 속임이 있다면 너희는 죄를 면치 못하리라. 만약 이 장부가 만들어져서 오래 두고 사용해도 조금도 착오가 없다면 너희에게 공이 있는 것이니 좋은 자리에 임명할 것이다."

여러 마을의 기록이 다 들어오면 그 기록을 요약해 표 형식으로 간략하고 보기 좋게 정리합니다. 가좌책은 가구마다 내용이 수십 줄이나 되어서 복잡하고 보기 불편하니 꼭 표로 만들어야 합니다. 그렇게 해서 한 장마다 20가구씩 기록하면 100장에 2,000가구를 기록할 수 있고, 2만 가구나 되는 고을이라도 그 책이 불과 열 권(한 권에 100장)이면 될 것입니다. 만약 정약용이 현대에 태어났다면 엑셀을 아주 좋아했을 것 같네요.

자, 이제 준비는 끝났습니다. 3년에 한 번, 호적을 작성하는 해의 7월이 되면 책임자를 선임하고 실무진을 꾸려서 준비해야 하는 것 아니냐는 말이 이곳저곳에서 나오기 시작합니다. 호적 정비 작업에 참가하면 떡고물이 많이 떨어지기 때문일 텐데요. 하지만 정약용은 서두르지 말라고 조언합니다. 일단 3년 전에 작성된 공식적인 호적에서 각 마을의 호수만 집계해 따로 책자를 만듭니다. 어느 마을은 25호, 어느 마을은 12호, 이런 식으로 말이죠. 호수만 정리하면 분량이 대여섯 장 정도에 불과해 참고하고 열람하기 편합니다.

그런 다음 핵법에 따라 호수를 꼼꼼히 조사합니다. 그렇게 해서 나온 실제 가구 수가 1만 4,000호라고 합시다. 그런데 3년 전 중앙정부에 보고한 공식적인 호적에 기재된 가구 수는 4,000호입니다. 앞에서 언급했다시피 이럴 때는 백성들의 부담을 지나치게 늘리지 않기 위해 관법을 따라야 합니다. 세금은 공식 장부상의 4,000호에 대해서 부과될 테니, 그 총액을 1만 4,000호에 고르게 분배한다면 한 가구가 부담하는 세금이 줄어들겠지요. 1만 4,000호를 4,000호로 나누면 3.5가 나오네요. 3.5가구가 공식적으로 1호에 부과되는 세금을 나눠 내면 된다는 계산이 나옵니다.

그런데, 이게 최선일까요? 1만 4,000호 중에는 가난한 집도 있고 부잣집도 있을 텐데, 이렇게 단순하게 N분의 1로 할당하는 게 과연 공평한 처사라고 할 수 있을까요?

조선 시대에 호적을 작성할 때는 빈부에 따라 각 호의 등급을 나눴습니다. 토지 보유 현황이나 주택의 크기를 기준으로 삼았는데요. 정약용은 이 등급에 따라 세금 액수에 차등을 두는 방법을 제안합니다.

가령 1만 4,000호 중에서 대호大戶가 2000호, 중호中戶가 4,000

호, 소호小戶가 8,000호입니다. 딱 보면 알겠지요? 대호가 재산이 제일 많고 다음으로 중호, 소호 순입니다. 당시 등급을 나누는 기준을 보면 소호가 10결 이상 20결 미만 토지 보유 가구이고, 중호는 20결 이상 50결 미만, 대호는 50결 이상이니 세금을 부담하는 비율은 1 : 2 : 4(소호 : 중호 : 대호)로 하면 합리적일 것입니다.

소호가 1을 부담한다면 중호는 2를 부담하고 대호는 4를 부담하는 것이지요. 이 조건을 가지고 4,000호를 1만 4,000호에 할당하기 위해 간단한 방정식을 풀어 보면 다음과 같은 해법이 나옵니다. 소호 1호에는 6분의 1호에 해당하는 세금을 할당하고, 중호 1호에는 3분의 1호, 대호 1호에는 3분의 2호를 할당합니다.

등급	분류 기준	
	지방	서울
대호	50결 이상의 토지 소유	40칸 이상의 가옥 소유
중호	20결 이상 50결 미만의 토지 소유	30칸 이상 40칸 미만의 가옥 소유
소호	10결 이상 20결 미만의 토지 소유	10칸 이상 30칸 미만의 가옥 소유
잔호殘戶	5결 이상 10결 미만의 토지 소유	5칸 이상의 가옥 소유
잔잔호殘殘戶	5결 미만의 토지 소유	4칸 이하의 가옥 소유

이런 식으로 등급에 따라 세금을 배분한다면 이전보다 훨씬 공정할 겁니다.

하지만 여기서도 문제가 발생할 소지가 있습니다. 지난 호적의 폐단이 워낙 심하다 보니, 갑자기 등급에 따라 세금을 칼같이 배분하면 전에 10호를 할당받았던 마을이 갑자기 30호가 되고, 전에 100호를 담당했던 마을이 10호로 줄어드는 경우가 생기는 거죠. 줄어드는 곳이야 마을 사람들이 좋아하겠지만 대폭 늘어나는 곳에서는 불만이 터져 나올 수 있습니다. 그러니 너무 심하게 늘어나는 마을의 호수를 덜어 내 많이 줄어든 곳에 옮기는 등의 조정이 필요합니다.

새 호적이 작성되면 수령이 각 마을에 호수를 공표합니다. 제가 사는 지역의 동네 이름으로 예를 들자면 다음과 같겠지요.

독산동은 이제 20호로 책정한다(이전의 가구 수는 15호였으나 이제 5호를 더한다). 가산동은 이제 15호로 책정한다(이전의 가구 수는 14호였으나 이제 1호를 더한다). 구로동은 이제 12호로 책정한다(이전의 가구 수는 30호였으나 이제 18호를 줄인다). 시흥동은 이제 18호로 책정한다(이전의 가구 수는 20호였으나 이

사람의 일생을 담은 여덟 폭 그림 중 한 편입니다. 사람이 살아가면서 직업을 갖고, 혼인을 하고, 아이를 낳고, 이사를 하는 등의 일이 호적에 담기는 것이지요.

제 2호를 줄인다).

인구수 또한 3년 전 호적에 준해서 정합니다. 예를 들어 3년 전 공식적인 호적 기록을 보면 우리 고을의 가구 수가 4,000호에 인구수는 남자 7,800명에 여자가 8,200명이었다고 합시다. 100으로 나누어 계산하면 40호에 남자 78명, 여자 82명의 비율이겠지요. 이 비율을 참고해 마을마다 계산해서 적습니다. 앞서 독산동은 20호였죠? 그러면 남자는 39명, 여자는 41명이네요. 실제 인구와 다르지 않냐고요? 실제 인구는 관아에서 따로 작성한 표로 알 수 있으니 공식 문서에는 세금 총액에 변화가 없도록 3년 전의 수치를 그대로 유지하는 겁니다. '핵법'이 아니라 '관법'으로 한다. 기억하시죠?

그러고 나서 수령은 다음과 같이 명령합니다.

"우리 고을의 호적이 오랫동안 문란했고 아전의 농간이 있어서 백성들의 부담이 고르지 못했다. 수령이 이제 온 고을의 실제 가구 수를 파악하고 정리하여 몇 가구씩 묶어 1호의 세금을 나눠 부담할 수 있도록 조절했다. 각 마을의 경험 많은 노인과 선비들이 한자리에 모여 마을에 할당된 호수를 어떻게 채울지 의논해서 문서로 정리해 관아에 바치면 도장을 찍어서 승인해 줄 것이다."

각 마을에서는 할당된 호수를 가구마다 어떻게 부담할지 논의해서 자치적으로 결정합니다. 가구마다 다른 형편을 고려해서 마을 사람들 스스로 논의해 공평하게 분배하는 것이죠. 이것이 관법입니다.

이제 호적 업무를 담당할 책임자와 실무진을 임명하면 됩니다. 이렇게 하면 백성들에게 피해가 가는 일을 어느 정도 막을 수 있습니다. 이미 수령이 직접 나서서 마을마다 호수를 확정했고 마을 사람들이 자치적으로 호수를 가구별로 나눔으로써 아전이 농간을 부릴 여지가 차단됐기 때문이죠. 호적 업무를 담당하는 아전들로서는 한몫 챙길 기회를 놓쳐서 입이 삐쭉 나올 일이지만 그들의 사정을 봐주느라 1만 가구의 억울함을 생각하지 않는다면 과연 그것이 현명한 일일까요.

축구에는 '빌드업'이라는 용어가 있습니다. 수비 지역에서부터 공을 몰아가며 조직적으로 공격을 준비하는 과정을 의미합니다. 정약용이 아전들의 농간을 막고 가난한 백성들의 이익을 수호하는 과정은 완벽한 빌드업이라 할 만합니다. 저쪽에서 공격해 들어오는 방식을 정확히 예측해 맞춤형 수비 전술로 대응해 주도권을 빼앗은 후 약점을 정확하게 찔러서 골을 넣는 장면을 관전한 느낌이지요.

사실 나라의 법이 제대로 정비되어 있다면 핵법에 따르는 게 맞겠지만, 현실은 그렇지 않다 보니 관법에 따라 세금 행정을 처리합니다. 그 과정에서도 가능한 한 가난한 백성들의 부담을 덜어 주기 위해 고민하는 정약용의 모습이 눈앞에 그려지는 듯합니다.

5조 평부

어떻게 세금을
공정하게 할 것인가

Yo, Listen-

　세금을 공평하게 부과해 가난하고 힘없는 백성들의 부담을 덜어주려는 정약용의 노력도 이제 막바지로 달려가고 있습니다. 당시 지방 관청에서는 부족한 재원을 충당하기 위해 '민고'라는 재정 기구를 관행적으로 설치했습니다. 나라 법에는 없는 임의적인 기구였지만 관청에서 백성들에게 납부 액수를 강제로 할당해 거뒀으니 사실상 세금이나 다름없었지요. 민고 재정의 사용처가 그나마 공공의 이익에 부합한다면 다행이겠건만, 대부분 관찰사, 수령, 아전들이 사치하고 위세를 부리는 데에 사용되고 있다며 정약용은 개탄합니다.

　시 한 편으로 5조를 시작하겠습니다. 정약용이 경기 암행어사를 지내던 시절에 지은 시로, 백성들의 고통스럽고 비참한 처지가 선명하게 그려져 있습니다.

(…)

고을 사또 어진 정사 베풀 줄 알아

봉급까지 덜어 내 빈민 구제한다기에,

비척비척 관아 문에 겨우 이르러

입 쳐들고 죽 솥 앞에 나간다만,

개돼지도 버리고 안 먹을 것을

사람이 엿처럼 달게 먹어야 하다니.

(…)

"관가의 재물 상자 남이 볼까 숨기니

어찌 우리가 굶주리지 않을 수 있나.

마구에 튼실한 사또의 애마는

정말 우리들의 살과 피라오."

통곡하며 관아 문을 나서지만

눈앞이 어지러워 갈 길을 몰라,

잠깐 누런 잔디 언덕으로 가서

무릎 뻗은 채 우는 아기 달래 보다가,

고개 숙여 이 벼룩을 잡고 있자니

왈칵 두 눈에서 눈물 쏟아지누나.

평부平賦. 공평할 평平에 세금 매길 부賦입니다. 문자 그대로 해석하자면 세금 매기는 일을 공평하게 한다는 의미입니다. 지금까지 내내 공평하게 세금 매기는 얘기를 했는데, 똑같은 말을 반복할 셈인가 싶지요. 여기서 부賦는 세금 중에서도 부역賦役을 뜻합니다. 그러니 정확히 얘기하자면 부역을 공평하게 하는 방법에 관한 내용이지요. 이제 부역이 뭐냐고 물을 차례죠?

부역의 사전적 정의는 이렇습니다. 국가나 공공 단체가 특정한 공익사업을 위하여 보수 없이 국민에게 의무적으로 책임을 지우는 노역.

앞에서 우리나라를 포함해 동아시아 국가들의 조세 제도인 '조용조'에 대해서 다뤘습니다. '조'는 농지에 부과하여 징수하는 곡물을 의미하고, '용'은 성인 남성을 의무적인 공공 근로에 동원하는 것을 의미하며, '조'는 가구별로 토산물을 납부하는 것을 의미한다고 설명했지요. 이 셋 중에서 '용'이 바로 부역입니다.

그런데 앞서 얘기했다시피 토산물 납부였던 '조'가 조선 후기에 대동법이 시행됨에 따라 농지에 부과해 쌀이나 돈으로 납부하는 것으로 바뀌었습니다. 성인 남성을 의무적으로 공공 근로에 동원하는 '용'도 적당한 양의 쌀이나 돈을 농지에 부과해서 거두는 걸로 대신하게 되었고요. 한마디로 세금이 전부 농지에 부과해서 돈이나 쌀로 거두는 방식으로 바뀌었다는 것이죠.

농지에 부과하는 '조'는 원래 그렇다 치고, '용'은 성인 남성 개개인에게 부과되는 것이고, 원래 가구에 부과되는 것이었던 토산물 '조'가 농지에 부과하는 방식으로 바뀌어 버리면 결과적으로 농사짓는 농민들이 세금 부담을 죄다 떠안게 됩니다. 백성들이 농민만 있는 것도 아닌데 말이죠. 전세와 대동미(각각 첫 번째 '조'와 두 번째 '조')는 국가의 법으로 농지에 부과되기 때문에 어떻게 할 도리가 없지만, 수령이 재량권을 행사할 수 있는 '용'

즉 부역만이라도 고르고 공평하게 해서 농민들의 부담을 덜어 줘야 한다고 정약용은 말합니다. 그렇다면 부역을 공평하기 위해 어떻게 변화를 줘야 할까요? 정약용이 들려주는 이야기를 차근차근 따라가 봅시다.

당시 각 지방의 관청에는 '민고民庫'라는 재정 기구가 관행적으로 설치되어 있었습니다. 관련 법 규정이 있는 건 아니고 관아에서 부족한 재정을 보완하기 위해 임의로 설치한 것입니다. 백성 민民에 곳간 고庫이니 백성들이 자치적으로 조성한 기금처럼 보이지만 실상은 그렇지 않았습니다. 지방 정부에서 강제로 거둬들이는 세금이나 마찬가지였고, 백성들에게는 그 부담이 매우 컸지요.

민고가 생기게 된 가장 큰 원인은 관찰사가 위세를 부리고, 수령이 탐욕을 부리기 때문이라고 정약용은 말합니다. 조선 후기에 관찰사는 도내의 지방 수령들을 감찰하고 평가하는 역할과 더불어 도내의 행정·사법·군사를 총괄하는 막강한 권한을 갖게 되었는데요. 그러다 보니 관찰사가 되면 위세를 부리고 대접받는 걸 당연하게 여겼으며, 수령들은 관찰사의 심기를 거스르지 않으려고 눈치를 살피며 과도하게 접대하고 그 비용을 충당하기

수령이 시장이나 구청장 같은 직위였다면, 지방의 행정·군사·사법을 총괄하는
관찰사는 지금의 도지사와 비슷한 직위였을 겁니다.

위해 백성들에게 이런저런 명목으로 쌀이나 돈을 뜯어냈습니다. 이것이 민고가 생겨난 까닭입니다.

예를 들어서 '복정ト定'이란 것이 있습니다. 관찰사가 자신이 관할하는 여러 고을에 물품을 요청할 때는 원칙적으로 공식적인 장부에 기재되어 있는 것만 해야 했는데요. 실제로는 장부에 올라 있지 않은 물품들을 임의로 요청하는 일이 부지기수였습니다. 이를 가리켜 복정이라고 하는데, 그 폐단이 심했습니다(참고로 복정은 부담시키다, 떠맡기다라는 뜻입니다).

가령 산간 고을에 복정으로 꿀이 배정됩니다. 처음에는 고급 꿀 백청 5두에 일반 꿀 황청 1석을 준비해서 올리라고 하지만, 실제로는 백청 5두 대신에 백청 10두를, 황청 1석 대신 백청 2석을 바쳐야만 받아 줍니다. 이렇게 꿀을 바친 대가로 감영(관찰사가 업무를 보던 관청)이 고을에 지급하는 액수는 꿀의 가치에 터무니없이 못 미칩니다. 혹은 바닷가 고을에 복정으로 전복을 배정하는데, 해당 고을에서 잡힌 전복이 아닌 울산이나 제주에서 난 값비싼 전복을 요구하는 식이지요. 이렇게 매년 봄가을에 관찰사에게 무언가를 바쳐야 하니 수령이 아무리 청렴한 사람이라도 방법이 없습니다. 결국 이런 부담은 백성들에게 떠넘겨지지요.

정약용은 수령의 잘못도 지적합니다. 수령의 보수가 높게 책정된 건 기본적인 생활비에 쓰고 남은 것으로 공적인 일에 사용하라는 취지인데, 자신이 받는 보수를 온전히 개인적인 것으로 여겨 공적인 일에는 한 푼도 쓰지 않는다고요. 그러기는커녕 옛 동료가 술을 마시자고 하거나 선현을 모신 서원에서 수리비를 요구하는 등 공적 업무가 아닌 일에도 민고를 활용하여 백성들에게 부담을 떠넘깁니다. 한술 더 떠서, 어머니를 모시고 아내와 아이들을 맞이하기 위해 집을 수리하고 가마를 손질하는 등 자기 가정사에 속한 일에까지 민고를 활용하기도 하죠. 국회의원들이 업무 비용으로 가족 외식을 하는 격이랄까요. 이렇게 윗물이 흐리니 아랫물이 맑을 수가 없지요. 아전들의 탐욕은 수령보다 열 배나 더하므로, 민고가 부담하는 비용은 달마다 늘어나고 해마다 더해집니다.

정약용은 자신이 다산초당에 있을 때 과거 시험을 준비하는 선비들이 부탁해 민고에 대한 문제를 낸 적이 있다면서, 그 문제 전문을 『목민심서』에 옮겨 놓았습니다. 민고를 이해하기에 좋은 글이어서 여기에 그 일부를 발췌해 소개합니다.

"고을마다 소위 민고라는 것이 있다. 이것은 백성들의 실생활에 도움이 되어서 민고라 부르는가 아니면 백성들의 재물을 저축하기 위한 것이어서 민고라 부르는가. 애초에 민고가 만들어질 때 나라에 관련 법이 있었던가. 이런저런 세금들이 비록 폐단이 있다 한들 다 나라의 법에 따른 것이다. 그런데 민고는 수령과 아전들이 제멋대로 그 법을 만들었으니, 천지가 생긴 이래로 이런 일이 있었던가. 팔도에 모두 민고가 있으나 그 법식은 도마다 각기 다르고, 고을마다 모두 민고가 있으나 그 규례도 고을마다 각기 다르다. 그 법이 이롭냐 해롭냐는 나중 문제고 한 임금의 나라에는 마땅히 한 임금의 제도가 있어야 하겠거늘, 그 혼란함이 이와 같으니 천지가 생긴 이래로 이런 일이 있었던가. (중략)

봄가을로 관찰사가 순력(관찰사가 관할 지역을 순회하던 일)할 적에 치장과 절차를 마땅히 간소하게 해야 하거늘, 놀고 즐기는 비용을 모두 고을의 민고에서 내게 하고, 여름과 겨울의 제사 고기는 쓰는 게 많지도 않은데 그 값을 매번 민고에서 징수하니, 천하에 이런 일이 있겠는가. 가마로 자기 모친을 모시는 것은 수령이 스스로 마련할 일이요 공무로 행차할 때는 나라에서 그 비용을 내주게 되어 있는데, 그 비용 그 물자를 꼭 민고에서 빼내니 낯부끄럽지 않은가. 산간 고을의 벌꿀이나 바닷가 고을의 전복·조개, 서부 지방의 사과·배, 남부 지방의 귤·유자가 좋기야 좋지만, 관찰사의 녹봉이 충분한데 이것들을 어찌 헐값으로 취해서 민고에 해독을 끼치는가. (중략) 족보를 내는 것은 한 가문의 사적인 일이요, 서원 건물을 수리하고 보수하는 것 또한 여러 유생이 사적으로 추모해서 하는 일인데, 관아에 와서 요청하면 반드시 민고에서 징수하니 무슨 일인가.

대저 민고는 부역 중에서 가장 규모가 큰 것이다. 예로부터 세상이 어지러울 때도 백성들에게서 거두는 여러 가지 세금은 반드시 대신들이 조정에서 의논하고, 임금은 대궐의 자리에 앉아서 생각하여, 성명이 내려지고 조례가 갖추어진 후에 재상이 그 법을 각 도에 공표하고, 관찰사들은 각 고을에 포고하여 백성들은 이에 따라 가져다 바치게 되고 관아에서는 이에 따라 받아들이게 되는 것이니, 천하의 보편적인 원칙이다. (중략) 소위 민고의 법은 임금에게 품의하지도 않았고, 재상에게 보고하지도 않았으며, 관찰사는 흐릿하게 무슨 일인지조차 알려 하지 않았고, 어사도 일찍이 이것을 승인한 바가 없었다. 간사하고 교활한 한두 아전배들이 밑에서 제멋대로 거둬들이고 어두운 한두 수령이 사사로이 절목節目(법률이나 규정에서 낱낱의 항목)을 만들었는데, 차츰차츰 쌓이고 달마다 해마다 늘어나 그 폐단이 이 지경에 다다른 것이다."

정약용은 민고의 폐단을 바로잡기 위한 방향도 제시합니다. 일단 민고는 국법으로 만들어진 게 아니니 수령이 마음만 먹으면 민고의 운영 방식도 바꿀 수 있을 텐데요. 고을마다 민고를 운영하는 절목이 있었습니다. 민고의 재원을 누구에게 무엇으로 얼마나 거둘지, 그렇게 거둔 돈을 어디에 사용할지를 정리한 일종의 운영 지침이죠. 정약용이 제시한 방향은 민고가 공익을 위해 운영될 수 있도록 이 절목을 수정하고 제대로 준수하자는 것이었고요.

구체적인 내용을 설명하면, 정약용은 민고 재원을 백성들에게서 거둘 때 토지에 부과하는 방식이 아니라 가구에 부과하는 방식으로 변경해야 한다고 말합니다. 하지만 수령이 이렇게 바꾸려 하면 아전들은 기를 쓰고 반대하기 마련입니다. 토지에 부과하는 방식이 눈속임하기 쉽기 때문이지요. 그러면 어떻게 해야 아전들의 반대를 뚫고 토지 부과 방식을 가구 부과 방식으로 바꿀 수 있을까요? 일단 아전들이 관리하는 '계방契房'부터 없애야 한다고 정약용은 말합니다.

계방이란 무엇이냐. 아전이 특정 마을에서 해마다 돈 수백 냥을 거두는 겁니다. 마을 주민들이 조금씩 갹출해 모은 돈을 아전에게 건네는 거죠. 대신 그 마을 주민들은 환곡의 부담도 면제되고, 군포를 바치는 의무에서도 면제되고, 민고에 바치는 것도 면제됩니다. 아전과 마을 주민 사이의 은밀한 거래죠. 인연 맺을 계契에 방 방房을 써서 계방인데, 밀실 거래를 연상케 하는 단어입니다. 어쨌거나 아전은 수백 냥을 꿀꺽해서 좋고, 마을 주민들도 환곡, 군포, 민고의 부담에서 벗어나니 이득인 거죠. 이렇게 계방이 되는 마을은 대체로 부자 마을이었습니다. 혹은 특정한 부잣집을 콕 집어서 계방으로 삼기도 했는데 그 부잣집 역시 100여 냥을 내고 환곡, 군포, 민고의 부담을 일체 면제받았습니다. 농지가 넓고 거느린 식구가 많은 부잣집이라 100여 냥을 내더라도 환곡, 군포, 민고를 면제받는 쪽이 이득이었던 거죠.

이렇게 되면 부자 마을에서 환곡, 군포, 민고를 거두지 못하게 되는데요. 그 부담은 고스란히 가난한 마을에 떠넘겨집니다. 가난한 사람들이 자기들 세금뿐만 아니라 부자들의 세금까지 떠안는 거죠. 그렇게 가난한 이들을 쥐어짜 거둬들이니 정약용의 표현을 빌리자면 "백성들이 울부짖고 쓰러져 물고기가 썩어 문드러지듯 강둑이 터지듯 하는 지경에 이르렀다."고 한탄할 지경에 이릅니다. 그러니 수령으로서 부역을 공평하게 하기 위해서는 계방을 없애는 것이 급선무입니다.

수령은 아전들을 불러 계방을 사실대로 보고하도록 합니다. 가령 아홉 마을이 있는 상황이라고 합시다. 수령이 말합니다.

"30년 이전부터 있어 온 계방은 우선 그대로 두고 30년 이내에 생긴 것들을 전부 사실대로 말하라. 내가 장차 그것을 없애겠다."

그러면 아전 80~90명이 어쩔 줄 몰라 하며 몰려와 이렇게 호소합니다.

"계방에 든 아홉 마을 가운데 여덟 마을은 다 30년 이내에 된 것입니다. 그렇지만 여덟 마을에서 거두는 쌀과 돈은 대부분 관찰사가 우리 고을로 순력하는 날에 접대하는 비용으로 충당합니다."

그러면서 아전들은 각 마을에서 거두는 돈이 어디에 쓰이는지 구구절절 설명하는데, 말이 조리가 있고 그럴듯해 수령은 할 말을 잃게 될 것이라고 정약용은 말합니다.

앞서도 얘기했듯이 관찰사를 대접하는 데 비용이 많이 드는 건 사실입니다. 원래 법에는 관찰사의 역마 이용에 관해서 사람이 타는 말 한 필, 짐 싣는 말 한두 필로 정해져 있지만, 말 보유 현황을 조사한다는 명목으로 여러 역의 말을 모두 징발해 수백 필을 동원하고 1,000여 명의 인원이 관찰사의 순력을 따라나섭니다. 관찰사가 고을에 들어서면 융숭하게 대접받을 뿐만 아니라 밤에는 기생을 끼고 자며 한낮이나 되어서야 일어납니다. 관찰사가 워낙 많은 수행원을 거느리고 워낙 많은 양식을 소비하는 탓에, 고을의 백성들은 먹지를 못하고 쉬지를 못합니다.

그럼에도 불구하고 계방은 없앨 수 있다고 정약용은 말합니다. 아전들이 하소연하면 수령은 다음과 같이 맞받아칩니다.

"아전 우두머리의 밥상에 올라가는 소 염통과 소 천엽 전골은 어디서 나오는 것인가. 너희들이 날씨 좋은 날 풍악을 울리며 기생들을 불러 호수에서 배를 타고 절간에서 노는 건 다 어디서 나오는 것인가. 너희들이 계방으로 빼돌린 부잣집 마을과 가구는 원래 국가의 호적에 올라 있는 것인데 너희가 세금을 훔쳐 사치하고 놀아나는 비용을 충당하고서는 울타리가 헐고 사립문도 제대로 달지 못한 가난한 집, 허리 굽은 노인과 팔다리가 성치 못한 아이들에게까지 부족한 세금을 모조리 부담시키니 백성들이 견뎌 낼 수 있겠느냐. 계방을 설치한 것은 30년 이내의 일이다. 30년 전에는 관찰사의 순력이 없었는가? 30년 전에는 아전들이 아전 노릇도 못하고 먹고살기가 힘들었는가? 잔말은 들을 필요가 없다. 계방은 없애야 할 것이다."

계방에서 거둬들이는 돈은 아전들의 이런저런 쏨쏨이에 보태는 용도입니다. 관찰사의 순력 탓을 하는 아전들의 말에 아무런

평안 관찰사가 부임해 이를 환영하는 잔치를 담은 그림입니다. 어마어마하게
화려하지요. 하지만 이런 잔치를 열 수 있는 비용이 어디서 왔는지를 생각해
본다면, 감탄할 수만은 없게 됩니다.

일리가 없다고는 할 수 없지만, 상황을 모면하기 위한 핑계에 가깝습니다. 좋은 자리에 있는 아전들이 횡령하는 돈이 수천 냥에 이를 정도이니, 계방이 없어도 십시일반 갹출해 필요한 비용을 충당할 여력이 있습니다. 정약용은 아전들을 이렇게 타이르라고 말합니다.

"백성이란 나라의 근본이다. 근본이 넘어지면 아전들은 장차 어디에 의탁할 것인가. 백성을 보전해야 아전 또한 의지할 곳이 있는 것이다. 만약 백성들의 정기와 골수가 다 말라 목숨이 끊어질 지경이 되면 고을도 없어지게 될 터인데 너희인들 의지할 곳이 있겠느냐. 너희들의 할아버지나 아버지가 대대로 이 고을에 거주하여 이곳 백성들과 함께 살아왔는데 이 고을이 망하는 것을 너희들은 어찌 걱정 없이 바라만 보겠는가. 속히 계방을 없애 백성들을 보전하도록 해라."

계방을 없애 세금(부역)을 분담할 가구를 확보한 다음에는 이런저런 면세지와 제역촌을 조사해 정확히 필요한 가구에만 부역을 면해 주고 그 외의 가구는 부역을 부담하도록 조치합니다. 이렇게 그동안 부역을 교묘하게 피해 왔던 가구들을 찾아내 부역을 부과하면, 가난한 백성들의 부담을 덜고 부역을 공평하게 나눌 수 있습니다. 더불어 부역은 쌀보다 돈으로 징수하는 것이 좋습니다. 쌀은 아전이 농간을 부려 그 수량을 속이기 쉬우나 돈은 액수를 속이기 어려우며, 쌀은 운송이 불편하지만 돈은 편하기 때문이지요.

또한 민고의 절목을 하나하나 면밀하게 조사해 불필요한 항목은 없애고 과도하게 책정된 액수는 줄여 백성의 부담을 덜어 줍니다. 전임 수령들이 사리사욕을 채우기 위해 부풀리거나 거짓으로 집어넣은 것이 많기 때문이지요. 정약용은 자신이 몇 고을의 절목을 살펴보았는데 과도하거나 허위로 만들어진 항목이 셀 수 없이 많았다고 토로합니다.

> "포진가鋪陳價(연회에 쓰는 포장, 자리 등의 비용) 300냥은 필시 다 쓰이지 못할 것이요, 쌍교가雙轎價(높은 관인이 행차할 때 타는 쌍마교에 쓰이는 비용) 200냥도 필시 다 쓰이지 못할 것이요, 분양마가分養馬價(관 소유의 말을 민간에 분양시키고 그 사육비로 쓰이는 비용) 150냥도 필시 다 쓰이지 못할 것이요, 전관

가 傳關價(문서를 수발하는 자에게 지급하는 비용) 1,200냥도 필시 다 쓰이지 못할 것이다. 이런 것들을 어찌 다 손꼽을 수 있겠는가? 이전에 탐욕스러운 수령이 있어 한번 함부로 징수하고 나면, 이후의 수령들은 이를 관례로 여겨 삭제하지 않으니 이 지경에 이른 것이다."

한번은 이후백李後白이라는 사람이 함경도 관찰사로 있을 때 묵은 폐단을 모두 없애고 각 고을에서 부과해 징수하던 세금을 거의 다 삭감했습니다. 그러자 이후백이 취한 조치 탓에 부유한 고을의 관청도 낡고 허름해졌다고 헐뜯는 목소리가 높아졌습니다. 이후 수령들은 다시 불필요한 세금을 뜯어내 백성들을 괴롭히게 되었지요.

심지어 임제林悌라는 사람이 이후백을 조롱하며 '백성들을 위한답시고 세금을 죄다 없애 버리니 결국 그 꼴이구나.'라는 내용의 시를 짓고, 온 세상이 이 시를 명언으로 여기기까지 하자 정약용은 이러한 현실 인식을 꼬집어 비판합니다. 관청이 낡고 허름해진 것은 백성들의 세금을 줄여 줬기 때문이 아니라 거둔 세금을 수령과 아전이 횡령했기 때문이니까요. 정당하게 거둔 세금으로 관청을 수리하고 정비했다면 아무런 문제가 없었을 테지요.

정약용은 민고의 절목을 작성할 때 그 수입과 지출, 사용처 등을 조목조목 나열하고 엄격하게 따져서 아전들이 농간을 부릴 수 없게 해야 한다고 당부합니다. 『목민심서』에 모범 절목의 예를 제시하기까지 하지요. 그만큼 진심인 겁니다.

또한 민고 문제를 근본적으로 해결하기 위한 대안으로서 관청이 관리하는 '공전公田'을 제안합니다. 제방을 쌓고 수로를 내 새로 농지를 조성하거나 백성들이 묵은땅을 다시 개간할 수 있도록 돕는다면 유랑민들이 모여 농사를 지을 것이고, 거기서 거둔 세금으로 민고 재원을 대체해 나가면 어떻겠냐는 것이죠. 지금으로 치면 공기업을 조성해 운영하고 거기서 얻는 이득으로 국민의 세금 부담을 덜어 주자는 얘기일 것입니다.

이렇게 민고에 대해서 자세히 논한 뒤, 정약용은 그 외의 다양한 부역을 하나씩 짚으며 의견을 제시합니다. 예를 들어 선박에 매기는 세금, 물고기 잡는 어업에 매기는 세금, 소금 생산자에게 거두는 세금, 시장 상인에게 거두는 세금, 무당에게 거두는 세금 등을 언급하면서 어떻게 하면 백성의 부담을 덜어 주는 동시에 세금을 공평하게 거둘지 논하는데요. 지면 관계상 여기서 따로 다루지는 않을 테니 관심 있는 독자는 『목민심서』 원문을 참고하기 바랍니다.

한편 부역을 돈이나 쌀 등으로 대신하게 되었다지만, 여전히 직접 부역에 나서야 하는 상황도 있었는데요. 둑을 쌓고, 도랑을 파고, 저수지를 파고, 성을 쌓고, 관청을 수리하고, 배를 끌고, 목재를 운반하고, 말을 몰고, 얼음을 저장하고, 가마를 메는 등 다양한 부역이 있었습니다. 정약용은 백성들을 부역에 동원하는 일은 되도록 줄여야 하며, 백성들에게 이득이 되는 일이 아니면 부역으로 동원해서는 안 된다고 잘라 말합니다. 특히 둑을 쌓는 일은 고을 세력가들이 사리사욕을 채우기 위한 것이라며 비판의 목소리를 높입니다.

"만약 수령이 고을 사람을 동원해 큰 둑을 쌓고 조성한 농지를 공전으로 만들어 매해 곡식 600~700석을 거두고, 그것을 민고의 재원으로 삼아 백성의 부담을 덜어 주면 좋아하지 않을 사람이 누가 있겠는가. 가난한 백성들은 사흘 동안 부역을 하더라도 흔쾌히 응할 것이다. 하지만 현실은 그렇지 않아서, 고을의 간사한 무리와 세력가들이 사리사욕을 채우기 위해 서울의 정치권력과 결탁해 둑 쌓는 일을 벌인다. 이들은 정치권력에 청탁해서 고을 백성들을 둑 쌓기에 동원하는 사안에 대해 정부의 승인을 얻는다. 관찰사가 공문을 띄워 호당 성인 남자 한 명씩 내보내도록 하니, 30리(약 11킬로미터) 떨어진 곳에 사는 사람은 하루 부역을 나가기 위해 오가는 시간까지 쳐서 사흘을 허비해야 한다.

사정이 이러하니 먼 곳에 사는 사람은 부역을 나가는 대신 돈을 바치는데 장정 한 명의 품이 25전이다. 이래저래 부역을 면제받는 가구가 많다 보니 부역 할당이 고르지 않아 심지어 9호의 부역이 가난한 세 가구에 몰리는 일도 있을 정도다. 그러한 경우 한 가구가 품삯으로 75전이나 바쳐야 한다. 이렇게 둑 쌓는 일에 사람을 동원하겠다고 머리채를 움켜잡거나 뺨을 후려치거나 하면서, 베틀에 걸린 베를 끊어 가기도 하고 솥단지를 떼어 가기도 하면서, 생사람의 돈 700~800냥을 거두어 공사장으로 실어 가니 사방에서 모이는 돈꿰미가 수천 냥이나 된다.

그 돈을 절제 없이 쓰고 둑을 날림으로 쌓아 몇 년도 못 가서 무너져 또다시 보수한다고 백성들을 동원하는 일이 해마다 그치지 않는다. 둑이 완공되면 농지를 조성하고 자기들 입맛에 맞는 사람들을 이주시켜서 거주지를 형성하게 한 후 농사짓게 한다. 이 농지는 면세지로 편입되어서 고을 세력가들의 배를 불리는 데에만 활용된다. 위로는 국가에 보탬이 되지도 않고 아래로는 고을 백성들에게 폐해만 끼치게 되는 것이다."

한편 가마를 메는 부역을 언급한 부분이 무척 흥미롭습니다. 가마를 메는 부역을 전담하는 마을은 주로 고개 아래에 있는데 고된 일이라 다른 부역이 면제되었습니다. 앞서 언급했던 제역촌이지요. 그런데 만약 수령의 덩치가 커서 가마를 멘 사람들이 고개를 넘다 너무 힘들어하면 술값이라도 챙겨 주어서 그들의 마음을 달래 주라고 정약용은 조언합니다. 고개가 그렇게 험준하지 않아 말을 타고 넘어갈 수 있는데도 말을 아낀답시고 굳이 가마를 떠메게 하는 경우가 있는데, 이는 매우 어질지 못한 처사라고 말하면서요. 수령의 가족 중 여성이 왕래하느라 불가피하게 가마를 메야 할 때는 반드시 술값을 챙겨 주고, 그 자식들이 왕래할 때는 가마를 태우지 말고 꼭 걸어 다니게 해야 한다고도 덧붙이지요.

여기서 잠시 2조 세법에 나왔던 내용을 되짚어 보겠습니다. 계판에 적힌 세금 항목 이외에도 더 많은 부담이 있다고 언급하면서 이런저런 항목을 나열했는데요. 그중 가장 부담이 큰 것이 바로 민고전과 환곡이었습니다. 아래에 해당 내용을 옮깁니다.

민고전 30~40두(찧지 않은 쌀)/결럼
환자 30~45두(찧지 않은 쌀)/결럼

다시 한번 정리하면, 민고는 관련 법 없이 관아에서 임의로 만든 세금입니다. 정약용은 민고에서 불필요한 비용을 대폭 줄이고 결럼(토지에 할당해 걷는 방식)이 아니라 호렴(가구에 할당해 걷는 방식)으로 바꿔 백성들의 부담을 덜어 줘야 한다고 주장합니다. 공전을 설치해 민고를 대체하는 대안도 제시했지요.

환자, 즉 환곡은 원래 흉년이나 춘궁기에 곡식을 빌려다가 나중에 추수하고 갚는 좋은 취지의 제도였지만 나중에는 백성들에게 세금보다도 더 큰 부담이 되었습니다. 조선 후기에는 환곡의 폐단 때문에 민란이 일어날 지경이었죠. 정약용이 『목민심서』에서 민고와 환곡을 중요하게 다룬 것은 그 폐단이 유독 컸기 때문입니다.

관용차를 개인 차처럼 사용해 물의를 일으킨 고위 공무원의 행태가 종종 뉴스에 보도되는데요. 최근 뉴스를 검색해 보니 지역 소방서장이 취임 후 5개월 동안 관용차로 무려 1만 7,900킬로미터를 운행했답니다. 하루 평균 약 120킬로미터를 운행한 셈이니 그중 상당 부분이 사적인 용도로 사용되었을 가능성이 크겠죠.

관용차는 국민의 세금으로 마련된 것이기 때문에, 공적인 업무를 위해 사용되어야 한다는 점은 분명합니다. 그럼에도 불구하고 공직자가 이를 사적으로 이용하는 행태는 국민의 신뢰를 저버리는 행위입니다. 결국 이 소방서장은 직위 해제 조치를 받게 되었습니다.

수령은 불가피한 경우에만 가마를 이용해야 하고 자식들은 꼭 걸어 다니게 하라고 일침을 놓는 정약용의 한마디가 21세기에도 여전히 유효한 것 같아 씁쓸한 마음이 듭니다.

Yo, Listen-

백성들의 경제적 삶을 개선하기 위해서는 세금을 공평하게 거두어 빈부 격차를 줄이는 일도 중요하지만, 농업 생산력을 끌어올리는 일 또한 중요했습니다. 같은 면적의 농지에서 더 많은 수확을 할 수 있다면 좀 더 여유로운 삶을 영위할 수 있을 테니까요. 이러한 생산력 향상은 현대 사회에서도 중요한 문제입니다. 많은 나라에서 과학 기술의 발전을 도모하는 것도, 반도체나 인공지능, 로봇 기술 등을 개발하는 것도 결국은 생산력을 끌어올려 자국의 경제적 번영을 이루기 위함이지요. 그러니 정약용이 공정한 분배를 역설하다 농사를 권장하는 이야기로 마무리 짓는 것도 어찌 보면 자연스러운 일입니다.

너무나 당연한 얘기지만 분배와 성장은 마치 새의 양쪽 날개와 같아서 어느 하나 빠짐없이 공동체 구성원의 삶에 핵심적인 역할을 합니다. 종종 우파는 성장을 중요시하고 좌파는 분배를 중요시한다는 식의 이분법적인 관점을 접하게 되는데, 개인적으로는 당혹스러운 견해입니다. 새가 어떻게 한쪽 날개만으로 날 수 있겠어요. 경제 성장을 위해 분배를 희생할 필요도 없고, 공정하고 평등한 분배를 위해 경제 성장을 포기할 이유도 없는 겁니다. 정약용이 타임머신을 타고 온다면 성장과 분배를 대립적으로 이해하는 사람들을 보며 안타까움에 혀를 차지 않았을까요. 조선 시대로 치면 세금을 공정하게 걷는 동시에 농사를 잘 지어야 하는 게 당연한 얘기니까요.

21세기 대한민국에서도 정약용의 사상은 여전히 유효합니다. 기술 발전과 혁신을 통해 경제 성장을 꾀하면서도, 공정한 분배를 통해 사회적 불평등을 줄이는 노력이 병행되어야 합니다. 이는 단순히 경제적 번영을 이루기 위한 전략이 아니라, 국민 모두가 공정하고 행복한 삶을 누리기 위한 필수적인 조건입니다. 정약용이 강조한 공정한 분배와 농업 생산력 향상은 현대 사회에서도 그 중요성이 퇴색되지 않으며, 이를 통해 지속 가능한 발전과 사회적 안정을 도모할 수 있을 것입니다.

긴 여정을 지나 드디어 마지막 내용이네요. 제6조는 권농勸農입니다. 권할 권勸, 농사 농農이니 농사를 권장한다는 의미입니다. 6조는 조선 시대의 경제 시스템을 이해하는 데 직접적으로 관련된 내용은 아니니 간략하게 다루겠습니다.

조선 시대 경제의 근간은 농업입니다. 백성의 삶이 나아지고 국가의 재정이 튼튼해지려면 농업을 장려하는 일은 아무리 강조해도 지나치지 않을 것입니다. 당시 기름진 땅이 있어도 백성들이 농사를 짓지 않고 유랑했던 이유는 부담해야 할 세금이 과도하기 때문이었는데요. 수령은 세금을 낮춰 주고 납부 기한을 미뭐 주어서 백성들이 걱정을 덜고 농업에 종사할 수 있도록 도와야 합니다. 농기구를 제작해 백성들이 편히 쓸 수 있도록 하고, 관아에서 소를 빌려주거나 백성들이 서로 소를 빌려주도록 권장하기도 합니다. 꼭 농사짓는 일만이 아니라 가축을 키우는 일, 뽕나무를 심어 누에를 치는 일, 길쌈해 옷 만드는 일을 장려할수도 있습니다. 정약용은 관아에서 관리하는 뽕나무밭과 모시밭을 조성해 거기서 나는 수익으로 백성들의 세금 부담을 줄여 주는 방법도 제안합니다. 앞서 말한 공전과 비슷한 개념이지요.

저는 소가 병에 걸렸을 때 대처하는 방법을 제법 자세히 서술한 부분이 흥미로웠어요. 지금의 의학 지식으로 보자면 납득하기 어려운 치료법들이라 여기서 굳이 언급하지는 않겠지만, 증상별로 자세하게 서술한 정성만은 200년이 넘게 지난 지금에 와서도 충분히 느껴집니다.

소 이야기는 여기서 그치지 않습니다. 정약용은 소를 도축해 고기로 먹는 일을 금해야 한다고도 말하는데요. 혹시 그가 채식주의자였던 걸까요? 아닙니다. 조선 시대에 소는 현대 사회의 농기계나 다름없었기 때문입니다. 한마디로, 지금 당장 고기 한점 먹겠다고 귀중한 소를 잡는 일은 매우 어리석은 짓이라는 거

1655년에 공주목사 신속이 간행한 『농가집성』으로, 『농사직설』 『금양잡록』 『사시찬요』 등 기존의 농업 서적을 엮은 것입니다.

죠.

또 정약용은 한 집이 이 일 저 일 가리지 않고 하는 것보다는 집집이 분야를 나눠 맡는 것이 바람직하다고 말합니다. 곡식을 키우는 사람, 과일을 키우는 사람, 채소를 키우는 사람, 옷을 만드는 사람, 가축을 키우는 사람 등으로 나눠, 각자 맡은 바에 집중할 수 있도록 돕는다면 좋을 거라고요. 어딘가 익숙한 이야기지요? 맞습니다. 전문화, 분업화를 주장하는 것이지요.

매년 춘분날이면 마을마다 모내기 경쟁을 붙여 가장 빨리 끝낸 마을에 후한 세금 혜택을 주고, 가장 늦게 끝낸 마을에는 아주 약간의 불이익을 주는 등 당근과 채찍을 활용한 방법을 권하기도 합니다. 어때요, 『목민심서』에는 생각보다 아주 소소하고 재미있는 내용이 많지요?

독자 여러분. 국어, 영어, 수학, 과학 공부하느라 바쁠 텐데 일부러 시간을 내 이 책을 읽어 주어서 고맙습니다. 책을 쓰면서 챗GPT에게 정약용과 목민심서에 관해 이것저것 물어보았습니다. 이쪽으로는 아직 학습량이 적어서 그런지 대답이 부실하고 오류도 적지 않더군요. 물론 인공지능의 눈부신 성장세를 보면 머지않아 근사한 답변이 나올 것입니다. 어쩌면 인공지능이 이 책을 공부할지도 모르겠네요.

하지만 잊지 말아야 합니다. 아무리 인공지능의 성능이 개선되더라도 그것을 이용하는 건 결국 인간입니다. 인공지능 사용자가 올바른 가치관과 판단력을 지니고 있지 않다면, 어린이가 총알이 장전된 권총을 손에 쥔 것처럼, 사리사욕만을 추구하는 사람이 수령이 된 것처럼 위태로운 상황에 처할 것입니다. 여러분은 곧 대한민국의 미래를 책임질 당사자입니다. 올바른 가치관과 판단력을 함양하는 데 이 책이 도움이 되었기를 두 손 모아 빕니다.

이미지 출처

작가 미상인 경우, 표기하지 않았습니다.

7쪽	국립중앙박물관.
9쪽	다산기념관.
12-13쪽	국립중앙박물관.
29쪽	국립민속박물관.
33쪽	국립민속박물관.
42쪽	김준근, 국립민속박물관.
49쪽	폴 자쿨레, 송파책박물관.
63쪽	국립민속박물관.
67쪽	김윤보, 한국데이터베이스산업진흥원.
69쪽	괴산 연풍향청, 국가유산청.
91쪽	국립민속박물관.
95쪽	우리역사넷(왼쪽), 국립민속박물관(오른쪽).
100쪽	김홍도, 국립중앙박물관.
102쪽	국립중앙박물관.
105쪽	국립민속박물관.
111쪽	국립중앙박물관.
114~115쪽	김홍도, 국립중앙박물관.
128쪽	김홍도, 국립중앙박물관.
146쪽	국가유산청.
151쪽	김홍도, 국립중앙박물관.
168쪽	국립전주박물관(왼쪽), 국립중앙박물관(오른쪽), 영천역사박물관(아래).
176~177쪽	이방운, 국립중앙박물관.
184쪽	국립중앙박물관.
196쪽	김준근, 국립민속박물관.
206~207쪽	김홍도, 국립중앙박물관.
225쪽	디지털한글박물관.